ANDREW KRIVAK

DER BÄR

ANDREW
KRIVAK

DER BÄR

Eine Reise im Einklang mit der Natur

ROMAN

Aus dem Amerikanischen von Jochen Winter

Diederichs

Sollte diese Publikation Links auf Webseiten Dritter enthalten, so übernehmen wir für deren Inhalte keine Haftung, da wir uns diese nicht zu eigen machen, sondern lediglich auf deren Stand zum Zeitpunkt der Erstveröffentlichung verweisen.

FSC www.fsc.org MIX Papier aus verantwortungsvollen Quellen FSC® C014889

Klimaneutral* Druckprodukt ClimatePartner.com/14044-1912-1001

Penguin Random House Verlagsgruppe FSC® N001967

Die Originalausgabe erschien unter dem Titel *The Bear*
bei Bellevue Literary Press, New York

Umschlag: zero-media.net, München
Umschlagmotive: © anand purohit/Moment/Getty Images; MattGrove/iStock.com
Schmuckillustration Innenteil: © Wilm Ihlenfeld/stock.adobe.com
Redaktion: Vera Baschlakow
Satz: Satzwerk Huber, Germering
Druck und Bindung: Friedrich Pustet GmbH & Co. KG, Regensburg
Printed in Germany
ISBN 978-3-424-35121-7
www.diederichs-verlag.de

Für Cole, Blaise und Louisa – und für Amelia

Erst nach langer Zeit
erahnten wir ihr Wesen.

RALPH WALDO EMERSON

Die letzten beiden waren ein Mädchen und sein Vater. Sie lebten entlang einer alten östlichen Gebirgskette auf der Flanke eines Berges, welchen sie den Berg, der allein steht, nannten. Der Mann war mit einer Frau hierhergekommen zur Zeit ihrer Jugend, und hatte ein Haus gebaut aus Holz, Steinen und Mörtel, den sie aus Lehm und Sand mischten. Es war auf halber Höhe des Abhangs errichtet und bot Aussicht auf einen von Birken und Heidelbeersträuchern umsäumten See. Die Sträucher reiften im Sommer zu großen Fruchtbündeln, die vom Mädchen und seinem Vater gepflückt wurden, während sie in einem Kanu am Ufer vorbeitrieben. Auf der Vorderseite des Hauses war ein kleines Fenster – das Glas war ein Geschenk der Eltern der Frau, nachdem sie selbst es von der Generation vor ihnen empfangen hatten. Es war ein kostbares Gut geworden, da die Fertigkeit zu seiner Herstellung verloren und vergessen war. Durch das Glas konnte das Mädchen am Morgen sehen, wie Adler an den seichten Stellen einer Insel, die sich inmitten des Sees erhob, Fische fingen, und die Schreie der Seetaucher hören, solange sein Frühstück über dem Herdfeuer garte.

Im Winter begann der Schnee bald nach der Herbst-Tagundnachtgleiche zu fallen, und noch Monate nach dem Frühling suchte er den Berg heim. Stürme dauerten jeweils Tage und Wochen, die Wehen wirbelten aufwärts gegen das

Haus und begruben die Wege so tief unter sich wie manche Bäume in die Höhe wuchsen. Oft musste der Mann mit einem um die Hüfte geschlungenen Seil durch den Schnee waten, um Feuerholz zu sammeln oder seinen Geräteschuppen am Rand des Waldes zu erreichen.

Doch als die Winde sich legten, die Himmel aufklarten und die tief stehende Sonne wieder schien, wickelte der Mann das kleine Mädchen warm und fest in eine Decke, packte es in seinen Rucksack und schritt hinaus in die Stille des Winters. Er glitt auf Schneeschuhen, gefertigt aus Eschenzweigen und Rohleder, hinunter zum gefrorenen See, wo die beiden den Tag damit verbrachten, Forellen und Barsche durch das Eis zu angeln.

Von der Bergspitze bis zum See bedeckte der Schnee einen so großen Teil der Welt des Mädchens, dass es beim Blick aus dem Fenster fast das halbe Jahr nur eine stille, reglose Landschaft unter einem weiß ausgebreiteten Teppich sehen konnte.

Doch wie lang der Winter auch dauerte, es folgte der Frühling; seine Ankunft war sanft und einigermaßen überraschend, ähnlich den Klängen von Vogelgesang beim Aufwachen oder dem klopfenden Ton eines Wassertropfens, der vom Zweig zur Erde fällt. Während der Schneeschmelze traten schwarze Felsen, graue Flechten und Schichten braunen Laubs aus dem vormals gleichförmig gefärbten Waldboden hervor. Auch die feinen silbrigen Umrisse der Bäume hellten sich allmählich auf mit grün schimmernden Blättern und hoben sich ab von den Gruppen der Hemlocktannen und Kiefern. Das waren die Tage, an denen das Mädchen in der Früh mit seinem Vater das Haus verließ und eine neue Welt erforschte, die aus dem Erdreich empordrang und aus dem Wasser am Rand des Sees auftauchte; Tage, an denen es unter der warmen Sonne auf dem Boden lag und sich fragte, ob die Welt und die Zeit selbst wie Falke und Adler waren, die über ihm in weiten Bögen immer höher stiegen – wohl wissend, dass diese nur einen Teil ihres Flugs bildeten, denn sie mussten von irgendwoher gekommen sein und an einen Ort zurückkehren, der für das Mädchen noch unsichtbar war, den es noch nicht kannte.

Allerdings gab es in den vier Jahreszeiten einen Tag, den das Mädchen am liebsten mochte: die Sommersonnenwende, den längsten Tag des Jahres. Der Tag, an dem es zur Welt gekommen war, wie der Mann ihm erzählt hatte. Und so überreichte er ihm immer am Vorabend der Sonnenwende ein Geschenk. Es erinnerte sich nicht an die ersten Gaben, die es bekommen hatte, die ihm dennoch besonders wertvoll waren. Ein geschnitzter, derart naturgetreu wirkender Holzvogel, als ob er fliegen könnte. Ein aus Rehleder und Flechse hergestellter Beutel, der der Mutter gehört hatte und in dem es farbige, am Seeufer gefundene Steine aufbewahrte. Einen aus massivem Eichenholz geformten Wasserbecher, aus dem es trank. Eine bemalte Schildkröte, die den Händen des Mannes entschlüpfte, als er sie öffnete, und die es den Sommer über als Haustier hielt, im Herbst dann unten am See freiließ.

Am Vorabend des Tages, an dem seine Tochter fünf wurde, reichte ihr der Vater nach der Mahlzeit eine Schale mit frischen Erdbeeren und sagte: Heute habe ich ein besonderes Geschenk für dich.

Er gab ihr eine aus Birkenrinde hergestellte Schachtel, um die ein langer getrockneter Grashalm zur Schleife gebunden war. Sie löste sie und öffnete die Schachtel. Darin befand sich ein blank polierter Silberkamm, der so anders aussah als alles, was sie bisher zu Gesicht bekommen hatte.

Lange blieb ihr Blick daran haften, bis der Mann das Schweigen brach.

Dies war der Kamm deiner Mutter, sagte er. Ich habe auf den Moment gewartet, ihn dir zu geben. Als mir auffiel, wie du unten am Seeufer mit deinem Haar gekämpft hast, dachte ich: Jetzt ist die Zeit dafür gekommen.

Das Mädchen griff in die Schachtel, nahm den Kamm heraus und hielt ihn vor sich wie einen edlen, ehrwürdigen Gegenstand.

Ich liebe ihn, sagte es leise, schloss die Hand um den Kamm, kletterte in die Arme seines Vaters und umarmte ihn.

So weit die Erinnerung des Mädchens zurückreichte, hatte es nur die Stimme des Mannes im Ohr, weshalb ihm nie die Frage in den Sinn kam, ob da noch eine andere Person war, die früher einmal ebenfalls zu ihm gesprochen hatte. Aber als es alt genug war, sich vom Haus zu entfernen und in die Wälder oder hinunter zum See zu laufen, fiel ihm etwas an den Tieren auf. Zwei Füchse flitzten mit ihren Welpen aus dem Bau unter einem umgestürzten Baumstamm heraus und kehrten geschwind wieder dorthin zurück. Jeden Sommer geleiteten zwei Seetaucher ihr Küken über die tiefe Mitte des Gewässers. Und als das Mädchen im Frühjahr Rehe auf einer kleinen Wiese am Fuß des Berges äsen sah, waren die Kitze dicht an ihrer Seite. Nachdem es also gelernt hatte, sich mit dem Kamm durchs Haar zu fahren, und der Mann es eines Abends ins Bett brachte, ihm dann einen Gutenachtkuss gab, blickte es zu seinem Vater auf und fragte: Warum bist du allein?

Der Mann kniete neben dem Bett nieder.

Ich bin nicht allein, sagte er. Ich habe dich.

Ich weiß, erwiderte das Mädchen. Ich meine, wohin ist meine Mutter gegangen? Überall um mich herum sind Dinge, die deinen Worten zufolge einmal ihr gehörten. Aber sie ist nicht hier.

Sie ist hier, sagte er. In dem, was wir von ihr erinnern.

Aber ich erinnere mich nicht an sie. Was ist mit ihr geschehen?

Der Mann senkte den Kopf, hob ihn wieder und erzählte seiner Tochter: Als er und die Frau nach dem Tod beider Eltern zu dem Berg kamen und ihr Haus bauten, sei sie die ganze Welt gewesen, die er kannte. Eine Zeit lang habe er geglaubt, dass sie auf sich allein gestellt für den Rest ihrer Tage in dieser Welt leben würden. Bis die Frau bemerkte, dass sie ein Kind in sich trug.

Mich, sagte das Mädchen.

Dich, bestätigte der Mann. Doch als es so weit war, musste sie schwer kämpfen, um dich zur Welt zu bringen. Und nach diesem Kampf konnte sie nichts anderes tun, als dich zu stillen und auszuruhen. Sie war stark. Stark genug, den Sommer bis in den Herbst zu überstehen, um dir die Milch und Nahrung zu geben, die sie zu geben imstande war. Bald wusste ich aber, dass sie uns verlassen und zu jenem Ort aufbrechen würde, wohin sie der Kampf, ein Kind zu gebären, geführt hatte, und dass weder du noch ich ihr folgen konnten. Und eines Abends vor dem Jägermond schlief sie ein und wachte nicht mehr auf.

Der Mann wandte sich kurz ab, um den Blick ins Dunkel zu werfen, dann richtete er ihn wieder auf seine Tochter. Sie setzte sich auf, streckte die Hand unter der Bettdecke hervor und ergriff seine.

Ist schon gut, besänftigte sie. Ich verstehe.

Er lächelte und sagte: Du bist ein kluges Mädchen. Aber es gibt noch vieles, das du nicht verstehen kannst. So vieles, das zu verstehen dir erspart bleiben sollte. Vorläufig jedenfalls.

Was zum Beispiel?, fragte sie.

Nun, zum Beispiel wie ich selbst nach all diesen Jahren, in denen ich dich anhielt, über jede Minute jedes Tages nachzudenken, noch immer an sie denke. Ich vermisse sie nach wie vor und wünschte, sie wäre hier.

Das Mädchen ließ den Kopf auf das Kissen zurücksinken.

Werde ich dich eines Tages vermissen?, fragte es.

Eines Tages, erwiderte der Mann.

Seine Tochter wurde still, und er dachte, sie sei vielleicht eingeschlafen, aber plötzlich fragte sie in die Nacht hinein: Bist du traurig, dass du mich hast anstatt sie?

Oh nein, keinen Augenblick!, antwortete der Mann mit einer Stimme, die für das kleine Zimmer zu laut war, und drückte ihre Hand fester. Keinen Augenblick. Weißt du, du bist die Freude jenseits jeder Trauer oder jedes verbliebenen Wunsches nach dem, was einmal war. Ohne dich ...

Er verstummte und starrte auf den Boden, um sie dann erneut zu betrachten.

Ohne dich wäre ich nichts als allein, sagte er.

Und ohne dich wäre ich nichts als allein, erwiderte sie.

Mit der Sommerdämmerung war ein Schimmer des Mondlichts durch das Fenster ins Haus eingedrungen, und der Mann konnte Züge der Frau im Gesicht seiner Tochter erkennen.

Ich weiß, was wir tun werden, fuhr er fort. Morgen werden wir zum Gipfel des Berges steigen, wo deine Mutter ruht. Sie liebte den Berg und meinte oft, der Gipfel sehe aus wie ein Bär. Ich möchte, dass du ihn ebenfalls siehst. Möchtest du das auch?

Ja, versicherte das Mädchen.

Gut, flüsterte der Mann, küsste seine Tochter ein zweites Mal auf die Stirn und deckte sie warm zu. Dann schlaf schön. Morgen steht uns ein langer Aufstieg bevor.

Sie drehte sich zur Seite und schmiegte sich unter die Decke. Noch ehe das Mondlicht aus dem Fenster verschwand, war sie eingeschlafen.

In der Morgendämmerung erwachte sie zum Gesang einer Katzendrossel und ging in die Küche, wo ihr Vater gerade ein Frühstück aus getrockneten Apfelscheiben und frischem Minztee zubereitete.

Es ist ein herrlicher Morgen, sagte er zu seiner Tochter. Iss, und wir brechen auf.

Sie rieb ihre Augen und setzte sich an den Tisch. Mehrmals war sie nachts aufgewacht und fühlte sich nun unausgeschlafen. Sie hatte einen Traum gehabt, in dem sie sich irgendwo zwischen dem Gipfel des Berges, der allein steht, und ihrem Zuhause verirrte. Auch wenn sie nicht sicher war, ob sie die Klettertour an diesem Morgen unternehmen konnte oder sich überhaupt wünschte, behielt sie diese Gedanken doch für sich. Der Mann erklärte, ihre Mutter läge in der Erde auf dem Gipfel des Berges, weshalb sie als Tochter ebenso sehr sich selbst wie ihm zuliebe nach besten Kräften versuchen werde, dorthin zu gelangen. Sie aß schweigsam, trank ihren Tee und füllte eine Kürbisflasche mit Wasser. Dann zog sie ihre dicken Hirschlederschuhe an, mit denen sie sich über Felsen bewegen konnte, und sagte: Ich bin bereit.

Da war ein Pfad. Nicht ausgetreten, aber sichtbar. Der erste Abschnitt war nicht schwerer zu bewältigen als ein Spaziergang vom Rand des Sees zum Haus. Doch während sie höher stiegen, wurde das Gelände felsiger, der Pfad steiler.

Als die Sonne aufgegangen war und östliches und westliches Ufer des Sees in vollem Licht lagen, hatten sie mit Händen und Füßen Felsblock um Felsblock bis zur Stelle auf der Hälfte des Weges erklettert. Dort ruhten sie sich auf einem steinigen Vorsprung aus.

Das Mädchen trank Wasser und aß eine Handvoll Hickorynüsse. Auf seiner Stirn glänzten Schweißtropfen, aber es gab kein Zurück. So weit sein Blick vom Rastplatz aus reichte, schien der Aufstieg zum Gipfel mühsamer als die Strecke, die es gerade zurückgelegt hatte.

Der Mann fragte sich, was im Kopf seiner Tochter vorgehen mochte, und sagte: Deine Mutter und ich kletterten zusammen jeden Sommer hier herauf, aber zu der Zeit waren wir schon erwachsen. Weißt du, was das bedeutet?

Das Mädchen schaute vom Gipfel des Berges wieder zu seinem Vater und antwortete: Dass ich stärker bin als du.

Ja, erwiderte der Vater und lachte. Und ich habe das Gefühl, dass du es immer sein wirst.

Er stand auf und räumte die Dinge im Rucksack um, die er immer mit sich führte, wenn er das Haus verließ: Messer, Feuerstein und Schlageisen, Knochennadel und Flechsengarn, Nüsse sowie seine eigene, mit Wasser gefüllte Kürbisflasche.

Wir werden uns noch einmal ausruhen, sagte er, und dann zum Gipfel hochsteigen.

Seine Tochter stand auf und ging hinter ihm her.

Sie erreichten ein zerklüftetes Felsgesims unterhalb des Gipfels nach der Mittagsstunde, wie der Mann schätzte. Die Luft war kühl, der Himmel wolkenlos und hell. Eine starke, stetige Brise peitschte die Lederhäute, die sie trugen, und sie beobachteten einen Adler, der auf einer thermischen Drift dahinglitt wie ein einsames und trotziges Blatt im Herbstwind. Die ganze Welt, die sie kannten, breitete sich zu ihren Füßen aus. Berghang. Wald. See.

Das Mädchen fragte seinen Vater, ob sie das Haus sehen könnten, und folgte seiner Blickrichtung bis dorthin, wo er auf einen kleinen Fleck deutete. Sie erkannte die weißen Eichenschindeln auf der Rückfront dessen, was sich als Dach entpuppte, sichtbar vor der endlosen grünen Weite, ebenso jene feine Rauchspur, die vom Feuer im Herd aufstieg. Dann schaute es nach oben zum Gipfel, nicht mehr als zwanzig lange Schritte entfernt, der schartige Fels baumlos und unzähligen Tagen und Nächten mit Sonne, Schnee, Wind und Regen ausgesetzt. Dahinter nichts als Himmel, sodass die Form dieses Gipfels im Profil auch dem Mädchen wie der Kopf eines Bären erschien, der ins Blaue starrte. Und seitlich davon, wie auf dessen Schulter sitzend, sah es eine Ansammlung von Felsbrocken, auf die eine große flache Steinplatte gesetzt war. Es spürte, wie der Schweiß abkühlte, während der Wind gegen Arme und Brust drückte, spähte hinüber zu seinem Vater und zeigte auf die Stelle. Er nickte, und so unternahmen sie die letzten Schritte gemeinsam.

Der Steinhaufen war breit, aber nicht höher als eine Strauchkiefer. Der flache Deckstein ähnelte einem Tisch, die Oberfläche glatt und ohne jede Verzierung. Das Mädchen blieb in einiger Entfernung stehen und überlegte, wie sein Vater den Stein hochgehoben und dort platziert hatte.

Nur zu, sagte er. Du kannst ihn berühren.

Das Mädchen ging vorwärts, legte die Hände auf den Gedenkstein und tastete nach einer Inschrift oder Gravierung, die es vielleicht übersehen hatte, fand aber nichts.

Liegt sie direkt unter den Steinen?, fragte das Mädchen über die Schulter hinweg.

Nein, sagte der Mann. Sie ist im Boden darunter beerdigt. Die sterblichen Überreste von ihr. So tief ich graben konnte. Nichts sollte ihre Ruhe stören.

Noch immer glitt die Hand seiner Tochter über die Oberfläche des Steines.

Wie hast du den ganz allein bewegt?, fragte sie.

Ich weiß es nicht. Ich erinnere mich nur, dass ich an einem Herbsttag damit begonnen habe, und dass es schneite, als die Arbeit beendet war. Danach stieg ich mit dir den Berg wieder hinunter.

Mit mir?

Ja. Auf dem Rücken. In ebendiesem Rucksack.

Und du hast so lange dafür gebraucht?

Nein. Die Dinge ändern sich sehr schnell.

Erzähl mir davon, sagte sie.

Sie setzten sich, lehnten an der Seite des Steinhaufens, die vor dem Wind geschützt war. Der Mann nahm einen tiefen Atemzug und begann. Als er an jenem Morgen aufwachte und bemerkte, dass die Frau im Schlaf gestorben war und damit ihr großer Kampf schließlich ein Ende gefunden hatte, blieb er lange neben ihr liegen – bis ihm irgendwann klar wurde, was zu tun war. Er hob das Mädchen aus dem Kinderbett, gab ihm Wasser zu trinken, fütterte es mit dem am Vorabend zubereiteten Rübenpüree, und legte es in den eigens für dessen Transport gefertigten Rucksack. Danach sammelte er Holz jeder Größe, zunächst Stöcke und Zweige, dann Äste und ganze Blöcke von Baumstämmen, die er umgestürzt im Wald gefunden hatte. Am Seeufer schichtete er sie übereinander zu einem riesigen Stoß, zuunterst die trockensten und dünnsten, zuoberst die gröbsten und wuchtigsten, die ihr als Bahre dienen würden. Er hielt nur inne, um das Mädchen mit Nahrung zu versorgen, und als er fertig war, brach die Dämmerung herein. Anschließend kehrte er zum Haus zurück und trug den Leichnam der Frau in ihrer Decke hinunter zum Strand, legte ihn auf den Holzstoß und setzte diesen in Brand, während am Abendhimmel die Sterne aufzugehen begannen.

Die ganze Nacht blieb er wach und starrte in die Flammen, die aus dem Scheiterhaufen emporloderten. Morgens erhob er sich, um dem Mädchen das Frühstück zuzubereiten, und stieg dann mit ihm im Rucksack zum Gipfel des Berges hinauf. Er ließ es im Schatten des Felsvorsprungs zurück, der die Form eines Bärenkopfs hatte, und ging dazu über, an einer Bodenstelle Erde und Steine zu entfernen. Während er so arbeitete, weinte er um die Frau und sprach zu dem Mädchen, um sich zu vergewissern, dass er noch immer am Leben war. Er erzählte ihm von der enormen Stärke und strahlenden Schönheit seiner Mutter, und erklärte, nun sei jedoch für sie die Zeit gekommen, voneinander Abschied zu nehmen. Nachdem er so viele Steine wie möglich beseitigt und ein so tiefes Loch gegraben hatte, wie er imstande war, stieg er mit dem Mädchen im Licht des Vollmonds den Berg wieder hinunter.

Er schlief ein paar Stunden, spürte nachts den Temperatursturz, besaß aber nicht die Kraft, ein Feuer zu entzünden. Bei Sonnenaufgang ging er zum Seeufer, sammelte die Knochen und die Asche der Frau ein und wickelte sie in die Decke, die auf ihrem Bett gelegen hatte. Hinterher trug der Mann, während er das Mädchen erneut im Rucksack auf dem Rücken transportierte, die sterblichen Überreste der Frau zum Gipfel des Berges, der allein steht. Dort tat er Knochen und Asche ins flache Grab, bedeckte es mit Erde und häufte drei Steinschichten darauf.

Und als ich aufstand und nach Norden schaute, sagte er zu dem Mädchen, konnte ich den Sturm heraufziehen sehen. Ich konnte den Schnee riechen. Nicht vor dem Sommer würde ich an diesen Ort zurückkehren können, und damals war ich mir gar nicht sicher, ob ich das überhaupt wollte. Tief drinnen fühlte ich eine Wut. Über den Tod deiner Mutter. Über meine Einsamkeit. Über alles in der Natur. In dem Moment fiel mein Blick auf den Felsblock, den ich während der vergangenen beiden Tage umkreist hatte. Ich griff nach unten, umfasste ihn mit den Armen und heulte, als ich ihn anhob mit all meiner Wut und all meiner Kraft. Ich heulte so laut, dass auch du anfingst zu weinen, und der Wind auf dem Berg war erfüllt von unserem Heulen. Aber ich wollte, dass etwas die Erinnerung an sie ebenso bewahrte wie ihre Überreste. Und nichts konnte mich aufhalten, bis ich jenen Felsblock genau an der Stelle platziert hatte, wo du ihn jetzt siehst.

Das Mädchen blieb lange Zeit still, und auch sein Vater schwieg, den Kopf gesenkt.

So gerne würde ich mich an sie erinnern, sagte es schließlich. An etwas von ihr. Aber ich kann nicht.

Du warst zu jung, erwiderte der Mann.

Manchmal aber tauchen in meiner Erinnerung nicht nur du und ich auf, fuhr das Mädchen fort. Manchmal ist da noch eine andere Person. So nah. Ich kann kein Gesicht sehen. Doch jemand ist bei mir.

Der Mann nickte. Ich weiß, sagte er.

Wie hat sie ausgesehen?, fragte das Mädchen.

Er überlegte kurz.

Wenn du das nächste Mal die Oberfläche des Sees betrachtest, wirst du sie sehen, sagte er.

Ich möchte sie, so oft es geht, besuchen.

Steigen wir jedes Jahr hinauf, schlug er vor. Am längsten Tag. Der erste Tag, an dem wir alle zusammen waren. Das würde ihr gefallen.

Das würde auch mir gefallen, betonte das Mädchen.

Dann erhoben sie sich von der Stelle, wo sie vor dem Wind geschützt saßen, und begannen, den Berg hinabzusteigen.

In diesem Sommer begann der Mann, seiner Tochter beizubringen, was er über den See und das Land wusste. Er zeigte ihr, wo man nach den Miesmuscheln taucht, die sie kochten und mit einem Teller voll wilder Zwiebeln zum Abendessen aßen. Er unterrichtete sie darin, eine Schlingenfalle für Kaninchen zu bauen und eine Nachspeise aus den Wurzelstöcken von Rohrkolben sowie Hagebuttenmarmelade für die Beute zuzubereiten, die sie in der Falle fingen. Er erkärte ihr schrittweise, aus einem Schössling einen Fischspeer zu gestalten – das obere Ende vierfach spalten, die so entstandenen Widerhaken zuspitzen und um steinerne Abstandshalter verschnüren. Daraufhin übte sie, die Speere auf Fische in der Reuse zu werfen, die sie in der kleinen Bucht des Sees aufgestellt hatten. Er lehrte sie, wie man dem Rotwild, das er mit einem aus Hickoryholz gefertigten Langbogen erlegt hatte, Sehnen entnimmt und die Tierhäute gerbt. Wie man sich auf die Suche nach Schwärmen wilder Honigbienen begibt, wenn vor der Herbst-Tagundnachtgleiche die Goldrute erblüht, und wie man aus Bäumen, in deren Hohlräumen sie ihre Nester gebaut hatten, den Honig holt. Als beide dann in der Hitze des Tages am Seeufer verweilten, leitete er sie an, die Tageszeit mithilfe jenes Mittagsweisers zu schätzen, den er lange vorher an jenem grasbewachsenen Ufer auf einem alten, verwitterten Findling angebracht hatte.

Wenn die Nächte klar waren, nahm er seine Tochter mit nach draußen und erklärte ihr, wie man den Himmel betrachtet, deutete auf die Sterne entlang der Ekliptik und nannte ihr die Namen der Sternbilder, die dort ihre Bahnen zogen. Im Sommer lernte sie, den Schützen zu finden, Herz und Schwanz des Skorpions sowie die vier glänzenden Sterne des Herkules. Im Winter, als sie auf ihren eigenen Schneeschuhen stehen konnte, führte ihr Vater sie auf den zugefrorenen See und zeigte auf den großen Orion, dessen Hund Canis Majoris und Sirius, den hellsten Stern am Himmel, der die Nase des Hundes bildet. Und das ganze Jahr über beobachteten sie, wie sich der Große Wagen um den Polarstern drehte, ein Stern, der, wie er ihr erläuterte, als Orientierungspunkt dienen konnte, falls sie sich je des Wegs nach Hause nicht sicher wäre.

Als seine Tochter älter wurde, brachte der Mann ihr im lang anhaltenden Abendlicht des Sommers oder im Schein von Bienenwachskerzen während der Winternächte, wenn keine Sterne am Himmel zu sehen waren, bei, wie man liest und schreibt. Als Tafel benutzte er eine Zinnplatte, als Stift einen verkohlten Zweig aus dem Herdfeuer. Sobald sie im Schreiben geübt war, gab er ihr in Leder gebundenes Papier und einen Graphitstift, den er mit seinem Messer immer wieder zuspitzte. Einmal fragte sie ihn, woher er dieses Papier und einen solchen Stift habe, und er antwortete nur, er habe sie schon lange.

Obwohl ihr das Papier und die Empfindung des Stifts zwischen den Fingern besondere Freude bereiteten, war es in Wahrheit doch so, dass sie den Schreibunterricht geduldig über sich ergehen ließ. Am liebsten mochte sie das

Lesen, aber nie in dem Maße, wie wenn der Vater etwas vorlas und sie ihm lauschte. Er besaß Bücher, die von seinem Vater stammten, die er sorgsam behandelte und auf einem Regal an der Wand ihres kleinen Hauses aufbewahrte. Er rezitierte Verse von Dichtern mit seltsamen Namen wie Homer und Vergil, Hilda Doolittle und Wendell Berry, Gedichte über Götter und Menschen und die Kriege zwischen ihnen, über die Schönheit der unscheinbaren Dinge und den Frieden. Er trug wahre und erfundene Geschichten vor – Geschichten über ein Haus in den Wäldern, einen Jäger und eine Meerjungfrau und Kaninchen, die nach einem Zuhause suchten. Sobald er endete und die Kerze ausgeblasen hatte, fragte sie ihn jedes Mal, als wollte sie sich vergewissern, wieder in ihrer eigenen Welt zu sein: Diese anderen, sind sie ebenfalls für immer fortgegangen?

Ja, erwiderte er dann. Vor langer Zeit schon.

Und wir sind allein?

Nicht allein. Wir haben uns. Schlaf jetzt. Wir sehen uns morgen früh.

Während sie für sich die Worte in den Büchern zu entziffern und zu lernen begann, aus welchen der Mann ihr vorgelesen hatte, wurden jene Geschichten des Kampfes aus der tiefen Vergangenheit wieder lebendig, als würde sie sie zum ersten Mal mit ihrer eigenen Stimme hören. Auf diese Weise erfuhr sie durch Erzählungen aus einer alten Zeit, geschrieben in alten Worten, gedruckt auf alten Papieren zwischen eingerissenen und ausgefransten Bucheinbänden vieles darüber, was gewesen war, und warum es sich so zugetragen hatte, ohne den Frieden und die Stille des Berges verlassen zu müssen.

Auch nachdem sie selbst zu einer versierten Leserin geworden war, bat sie doch den Vater, ihr zum Einschlafen weiterhin Geschichten zu erzählen, die er aus seiner Jugend kannte.

Ich bin noch nicht so alt, sagte er dann, dachte an etwas, das ihn an dem Tag überrascht hatte, und begann mit den Worten: Mein Vater erzählte mir einmal von einer Zeit ... Daran anschließend ersann er eine Geschichte über eine lange Reise, die unternommen wurde, den Triumph großer Stärke oder einen verlorenen und wiedergefundenen Schatz. Teils waren es Erzählungen aus dem Land rings um den Berg, teils von einem weit entfernten Ort, den der Mann sich nur vorstellte. Stets endeten sie in dem kleinen Haus, in der Geborgenheit und Wärme, die das Herdfeuer ausstrahlte.

Gegen Ende des Sommers, in dem das Mädchen sieben wurde, folgte der Mann ihm nicht mehr im Kanu über den See, denn es hatte sich zu einer starken Schwimmerin entwickelt. Als beide sich gerade im Gras ausruhten, erzählte er ihm, wie er und die Frau das Kanu gebaut hatten. Sie waren eine weite Strecke nach Norden gewandert, um für Spanten, Ruderbänke und Dollborde die Weißzeder zu finden, sammelten dann Schwarzfichtenwurzeln, um sie als Tauwerk zu verwenden, und erhitzten Fichtenharz zur Versiegelung der Fugen.

Dieses Kanu?, fragte das Mädchen und betrachtete erneut das Boot, in dem es, solange es zurückdenken konnte, über den See hin und her gefahren war.

Genau dieses Kanu, antwortete er. Es hat so lange gehalten.

Im Herbst jenes Jahres beobachteten Tochter und Vater, wie ein Bär aus dem Wald auftauchte, zum See trottete und im Wasser planschte, bis er einen Fisch im Maul hatte, dann kehrtmachte, um wieder ins Gehölz zurückzugehen und die Bergflanke hinaufzuklettern. Das Profil des Tieres erinnerte sie an den Gipfel, an die Stelle nahe der Grabstätte der Mutter und die Fragen, die sie während der ersten Besteigung des Berges in sich trug. Die drängendste lautete: Warum hatte ihre Mutter, wenn sie doch so stark war, nicht weiterleben können, um bei ihnen zu bleiben? Eher schien es ihr, als wäre sie davongezogen wie ein Bär, der durch den Wald streift.

War meine Mutter ein Bär?, fragte sie mit erhobener Stimme, als das Tier mit bläulich schwarzem Fell und weiß glänzendem Fleck auf der Brust zwischen den Bäumen verschwunden war.

Der Mann lachte und fragte: Wie kommst du denn darauf?

Sie wollte nicht bei uns bleiben, erwiderte seine Tochter. Sie ging fort. Den Berg hinauf. Genauso wie der Bär.

Jetzt verstand er, was sie meinte.

Dieser Bär wäre nicht geblieben, selbst wenn du ihn darum gebeten hättest, sagte der Mann. Mit seinem massigen Körper und den großen Füßen kam er mir wie ein Eber vor. Männliche Bären wandern gern umher, und so tat dieser nur, was er tun sollte. Ich war derjenige, der deine Mutter auf den Berg geführt hat, erinnerst du dich? Sie hingegen wollte nichts mehr, als hier bei dir zu bleiben. Aber wir selbst entscheiden nicht, wann wir diese Welt verlassen, um auf dem Berg zu schlafen. Eines Tages müssen wir alle auf dem Berg schlafen. Sogar der Bär. Auch wenn wir uns mit Händen und Füßen dagegen sträuben.

Der Mann wurde still und schaute lange auf den Boden. Dann hob er den Kopf und sagte zu seiner Tochter: Komm her.

Sie ging auf ihn zu, bis beide nebeneinander standen.

Setz dich und zieh deinen Schuh aus.

Sie gehorchte, und er bat sie, den Schuh genau zu betrachten. Das gegerbte Hirschleder. Die gleichmäßige Naht. Die abgenutzte und doch stabile Sohle.

Diesen Schuh hat deine Mutter angefertigt, sagte er. Als du noch ein kleines Wesen in ihrem Bauch warst. Sie hat fünf Paar aus einem Hirsch hergestellt, den wir zusammen mit dem Bogen gejagt haben. Jedes davon ist jeweils ein Stückchen größer, sodass du, wenn du aus dem letzten Paar herausgewachsen wärst, das nächste selber würdest machen können.

Ist das mein letztes?

Ja, sagte der Mann.

Wie hat sie ahnen können, fünf Paar anzufertigen, wenn sie sich gar nicht sicher war, dass sie uns verlassen würde?

Er schüttelte den Kopf, als wäre auch er verwundert.

Vielleicht wusste sie es, sagte er. Also überlegte sie sich, in welcher Weise sie bei dir bleiben konnte, Jahr für Jahr, direkt an deinen Füßen. Bis du groß genug sein würdest, um zu verstehen, dass wir alle einmal fortgehen müssen.

Eines Tages kurz vor Herbstbeginn, als sie in der Hängematte faulenzten, die der Mann zwischen zwei Kiefern befestigt hatte, fragte ihn seine Tochter, ob es im Wald weitere Bären gebe oder nur den einen, den sie im Sommer gesehen hatten.

Es gibt noch mehr Bären, sagte der Mann. Sie kommen und gehen, bleiben aber unter sich.

Mir gefällt, dass der Berggipfel wie ein Bär aussieht. Und dass er nie von der Stelle weichen wird, die er einnimmt, erklärte sie.

Deshalb habe ich sie dort beigesetzt, fuhr er fort. Der Bär ist ihr Gefährte, während sie schläft. Ich hoffe, irgendwann ebenfalls dort zu schlafen.

Sie schwieg einen Moment und fragte dann: Wie sind sie eigentlich?

Sprichst du von den Bären?

Ja. Sind sie freundlich?

Sie sind scheu – wenn es das ist, was du meinst.

Ich meine, werden sie uns anbrüllen und unsere Nahrung fressen, wenn sie hungrig sind? Die echten?

Nein. Sie brüllen nicht, solange man sie nicht stört. Oder ihr Junges bedroht. Mein Vater erzählte mir einmal, dass sie lange Wege zurücklegen, um Gutes zu tun – für sich selbst oder für jemand anderen. Es ist ein Versprechen, das sie in frühester Jugend geben und ihren Müttern zuflüstern, noch bevor sich ihre Augen öffnen.

Seine Tochter schwang langsam in der Hängematte und überlegte, wie das geflüsterte Versprechen eines Bären klingen mochte, als der Mann fragte: Würdest du gerne die Geschichte hören, die mir mein Vater über einen Bären erzählte, der ein ganzes Dorf rettete, indem er sein Versprechen einlöste?

Ja, antwortete sie und setzte sich so schnell auf, dass beide fast kopfüber auf den mit Kiefernnadeln bedeckten Boden gefallen wären. Gerade noch rechtzeitig hielt sich der Mann am Baumstamm fest, lachte herzhaft und begann die Geschichte:

Es war einmal, da lebte in einem Ort an einem breiten und gewundenen Fluss ein König, der die Bewohner in seinem Reich aufforderte, ihm alles Gold und Silber auszuhändigen, das sie besaßen. Sie waren gute Bauern auf fruchtbarem Land, doch er war der König. Also gaben sie ihm das Gold und Silber und wanderten hinaus zu ihren Feldern, um die Nahrungsmittel anzubauen, die sie essen würden, dankbar immerhin für diesen Lohn ihrer Arbeit. Der Sommer verging friedlich, und die Dorfbewohner waren gerade dabei, eine ihrer besten Ernten überhaupt einzubringen, als der König ihnen befahl, ihm auch sämtliche Früchte zu überlassen, die sie angebaut hatten.

Sie widersetzten sich und fragten: Warum tust du uns das an? Was sollen wir essen? Aber der König beantwortete keine dieser Fragen. Er schickte seine Soldaten und nahm den Menschen alles, was sie geerntet hatten, sodass sie von dem leben mussten, was sie aus dem Staub am Boden auflesen konnten.

In jenem Winter, kurz bevor der Kalender den Frühling anzeigte und die Menschen am Verhungern waren, kam ein alter, freundlicher Bär auf seinem Weg zum Jahrmarkt durch das Dorf. Als er sah, in welchem Zustand sich die Bewohner befanden, fragte er sie nach dem Grund dafür. Also erzählten sie ihm, was geschehen war.

Nachdem unsere Kinder gestorben sind, sagten die Dorfältesten, werden auch wir sterben, und wessen König soll dann dieser König sein?

Der Bär kratzte sich das Fell unter seinem Hut, bat um einen kleinen Karren, ein Bündel Heu und einen großen Mantel. Er legte das Heu auf den Karren, warf den Mantel darüber und brach mitsamt dem Fuhrwerk zum Palast des Königs auf.

Nach seiner Ankunft bat der Bär um eine Audienz beim König, und sie wurde ihm gewährt. Also trat er vor den reichen Herrscher und fragte ihn, ob er gerne einen Tanz sehen würde.

Der König bejahte, denn er war einsam, und der Bär begann zu tanzen.

Als er seine Darbietung beendet hatte, war der König derart entzückt, dass er den Bär fragte, ob er am Morgen noch einmal für ihn tanzen würde.

Ja, sagte der Bär. Wenn du mir etwas Nahrung aus deinen Vorratskammern gibst.

Sein Gegenüber willigte ein, und auf diese Weise fand der Bär heraus, wo der König die Feldfrüchte lagerte, die er den Dorfbewohnern weggenommen hatte. In der Nacht belud er seinen Karren damit und ließ in der Vorratskammer nur das herbeigeschaffte Heu zurück.

Nachdem der Bär morgens abermals für den König getanzt hatte, versicherte er ihm, am nächsten Tag wiederzukommen, wenn er sich in der Zwischenzeit ans andere Flussufer zurückziehen dürfe, um dort einen neuen Tanz einzuüben. Der König stimmte zu, worauf der Bär seinen Karren, befüllt mit Feldfrüchten, die unter dem großen Mantel verborgen lagen, vom Palastgelände zog. Die Wachen sahen nur das gleiche Fuhrwerk davonfahren, das zuvor an ihnen vorübergerollt war, und schöpften deshalb keinen Verdacht.

Der Bär tat dies vom ersten Mondviertel bis zum Vollmond und ließ jedes Mal lediglich große Heuhaufen in der Vorratskammer des Königs zurück. Unterdessen gab er den Dorfbewohnern all die Feldfrüchte zurück – doch nie so viele, dass der Koch des Königs ihr Verschwinden bemerkte, denn er dachte, der Bär habe sich einfach satt gegessen und das Heu sei immer schon dagewesen.

Als nun der Vollmond abnahm und die Dorfbewohner sich wieder richtig ernähren konnten, fragten sie den Bär, ob er ihr Gold und Silber gesehen habe. Er antwortete mit Ja, befand sich der Schatz doch in derselben Reihe verschlossener Vorratskammern, wo der König auch die Feldfrüchte aufbewahren ließ. Würden sie den wertvollen Besitz zurückerhalten, so ihre Überzeugung, könnten sie eine Armee aufstellen und den König stürzen. Zugleich aber verloren sie jede Hoffnung, ihre Reichtümer je wiederzubekommen.

Mittlerweile hatte der Bär den Jahrmarkt verpasst und die Dorfbewohner lieb gewonnen. Erneut kratzte er sich am Kopf und sagte: Ich werde euer Gold und Silber zurückholen. Nur bitte ich euch, mit dem Sturz des Königs zu warten, bis ich mit meiner eigenen Armee zurückkehre, um euch zu helfen.

Die Dorfbewohner konnten ihr Glück nicht fassen.

Du hast eine Armee?, fragten sie.

Natürlich, erwiderte der Bär. Sie besteht aus jedem Tier und Baum im Wald.

Die Dorfbewohner waren einverstanden, und der Bär machte sich auf zum Palast.

Der König war hocherfreut, den Bär zu sehen, denn er sehnte sich nach Aufmunterung. Sämtliche Nahrungsmittel aus der Ernte, die er gespeichert hatte, waren aufgebraucht, und nichts fiel ihm ein, was er hätte anbieten können.

Ein Silberstück wird genügen, sagte der Bär, dann werde ich meines Weges gehen.

Der König stimmte zu, und der Bär vollführte den besten Tanz seines Lebens. Daraufhin bat ihn der König, seinen Wachen zur Vorratskammer zu folgen und sich egal wie viele Silberstücke zu nehmen, die er als angemessenen Preis für sein Kunststück erachte. Der Bär, der zu seinem Wort stand, nahm ein Silberstück und steckte es in die Tasche. Dann fragte er, ob er an diesem Ort schlafen könne, denn es sei schon spät, und bei abnehmendem Mond würden sich im Wald Räuber herumtreiben.

Während der König und sein ganzer Hofstaat schliefen, bestach der Bär mit einem Silberstück den Schmied, damit der seine Esse in Gang setze und sich danach wieder schlafen lege. Als die Flammen aufloderten und der Schmied so laut vor sich hin schnarchte, als entwiche aus mehreren Blasebälgen gleichzeitig die Luft, schmolz der Bär sämtliches Gold und Silber aus den Vorratskammern ein. Anschließend goss er das Silber in die Formen von vier Rädern und das Gold in die eines Wagens.

Am Morgen nahm der Bär Asche aus der Feuerstelle, schwärzte damit die Silberräder wie auch den goldenen Wagen, rollte dann seinen mit dem großen Mantel bedeckten Heuhaufen weg vom Palast durch den Wald und ins Dorf. Dort gab er alles, was der König seinen Untertanen gestohlen hatte, diesen in Gestalt des Wagens zurück.

Die Dorfbewohner waren außer sich vor Freude. Sofort wollten sie Gold und Silber einschmelzen und sich daranmachen, ihre Armee aufzustellen, aber der Bär erinnerte sie an seine Worte: Wartet auf mich, bevor ihr in den Kampf zieht. Andernfalls wird es nicht gut ausgehen.

Alle Dorfbewohner erklärten sich einverstanden. Der Bär winkte zum Abschied und schlug den Weg ein, der in den Wald führte.

Eine Jahreszeit verstrich, dann eine weitere und noch eine, aber der Bär kehrte nicht zurück. Bald wandten sich die Dorfbewohner wieder ihrer Feldarbeit zu, der alte König starb und seine Tochter bestieg den Thron. Diese junge Frau war klug und liebenswürdig, nachsichtig und gerecht. Sie behandelte ihre Untertanen mit Wohlwollen, und dafür waren sie ihr gern zu Diensten. Niemand in jenem Dorf bekam den Bär je wieder zu Gesicht.

Nachdem der Mann die Geschichte beendet hatte, saß seine Tochter noch immer auf der Hängematte, schwang still hin und her und starrte in Richtung des Waldes.

Haben Bären jemals wirklich zu Menschen gesprochen?, fragte sie ihren Vater. Ich meine, nicht in den Geschichten, sondern wenn es ringsum Leute gab, mit denen sie reden konnten.

Ich habe nie einen sprechen hören, erwiderte der Mann. Der Bär, den wir gesehen haben, war stumm, aber vielleicht sah er uns nicht oder hatte nichts zu sagen. Daher weiß ich es nicht.

Er hat uns gesehen, beharrte sie.

Nun, da hast du deine Antwort, sagte er.

Der Sommer wurde zum Herbst, der Herbst ging über in den Winter, und aus dem Winter entsprang der Frühling. Am Vorabend einer weiteren Sommersonnenwende schenkte der Mann seiner Tochter einen Kompass aus Messing, der seinem Vater gehört hatte. So entnahm sie dem Stand der Sonne und der Sterne die Kardinal- und Interkardinalpunkte, und er erklärte ihr, wie man den Spiegel und das eigene Sichtfeld benutzt, um sich zu orientieren. Er schilderte, wie Menschen vor langer Zeit über Land reisen und es bis auf ein Grad genau vermessen konnten, wenngleich er das nur in einem Buch gelesen hatte und nicht sicher wusste, ob es wirklich stimmte oder bloß eine Legende war.

Als beide am nächsten Morgen den Berg bestiegen, der allein steht, hielt das Mädchen auf dem Pfad, der sich um gestürzte Bäume wand und über Felsvorsprünge abbog, immerzu den Kompass vor sich. Es konnte die Augen nicht abwenden von der Nadel, die stets nach Norden zeigte, wie ein Pfeil, der von seinem Ziel nicht abgelenkt wird.

Als das Mädchen neun war, konnte es bis zur Bergspitze hochsteigen, ohne sich auszuruhen. Von der Baumgrenze hüpfte es direkt zum Gipfel hinauf und blieb erst an dessen Fuß stehen.

Hallo Bär, das war nun wirklich ein langer Winter, sagte es dann zur Felsformation.

Anschließend kehrte es zurück zum Rand des Waldwegs und wartete auf seinen Vater. Nachdem er aufgetaucht war, kletterten sie die letzten Meter zusammen zum Grab der Frau und verharrten dort schweigend, die Hände auf den flachen Stein gelegt, bis die Sonne den Mittagspunkt durchschritten hatte und beide einmal mehr den Berg in Richtung ihres Zuhauses hinunterwanderten.

In dem Jahr, als das Mädchen zehn wurde, schenkte ihm der Vater ein Messer mit Beingriff und Lederscheide, das er zu jener Zeit angefertigt hatte, als er sich mit der Frau gerade im Haus einrichtete.

Es gibt noch mehr, sagte er zu seiner Tochter.

Sie gingen nach draußen zum Geräteschuppen, wo er seine Äxte, Sägen und Werkzeuge für die Bearbeitung von Holz aufbewahrte.

Ich möchte dir beibringen, wie du deinen eigenen Bogen mitsamt Pfeilen baust, sagte er. Damals, als du fünf warst und wir zusammen auf den Berg gestiegen sind, entdeckte ich entlang des Weges den geradesten Hickorybaum, den ich je gesehen habe. Bei der nächsten Gelegenheit, die sich mir bot, kehrte ich zurück und zimmerte ihn zurecht.

Er deutete zum Dach des Schuppens, wo vier lange Bohlen über die Sparren gelegt waren.

Die habe ich aus dem Stamm herausgeschnitten. Sie sind jetzt trocken genug. Ich habe gewartet, bis du bereit bist.

Der Mann holte die Bohlen herunter und wählte die makelloseste aus. Im Lauf der folgenden Tage hobelte er mit einem Zugmesser die Rückseite des Bogens aus, bis ein einzelner Jahresring sichtbar wurde. Er markierte die Mitte für den Griff und überprüfte beide Wurfarme auf ihre Biegsamkeit. Dann schnitt er Kerben für die Sehne und bog den Bogen immer wieder, bis sich jeder Wurfarm gleichmäßig krümmte. Mit seinem Messer glättete er die Vorderseite und die Kanten, polierte das Holz mit einem runden Stein und rieb schließlich die gesamte Oberfläche mit Hirschtalg ein.

Er arbeitete langsam, aber unermüdlich, unterrichtete das Mädchen bei jedem Arbeitsschritt, in welcher Weise zu verfahren sei, und ließ es ebenbürtig an der Fertigung des Bogens mitwirken. Zwei Wochen später bespannten sie ihn mit der Schne aus dem Rückenband eines Rehs. Der Mann lächelte, als er seine Tochter dabei beobachtete, wie sie zum ersten Mal den Bogen spannte und dies gleich mit einigem Geschick tat.

Tags darauf machten sie sich im Wald auf die Suche nach Birke und Hartriegel für die Pfeile, schnitten Zweige ab, stutzten sie und bestückten die Enden mit Truthahnfedern, die der Mann auf dem Gebirgspfad gefunden hatte. Danach zeigte er ihr, wie man Pfeilspitzen aus den Knochen und dem Geweih desselben Rehs behaut, dem er die Sehne entnommen hatte, und band sie an die Pfeilschafte.

Das Mädchen übte jeden Tag, schoss seine Pfeile auf eine aus verflochtenen Zweigen der Hemlocktanne gefertigte Zielscheibe, die es gegen eine Bodenerhebung lehnte. Als der Mann seine Tochter für fortgeschritten genug hielt, gingen die beiden in den Wald. Dort brachte er ihr bei, die Landschaft zu lesen, auf Zeichen zu achten – abgebrochene Zweige, umgedrehte Blätter, Spuren von Blut oder Kot –, die zu erkennen gaben, welche Tiere einige Tage oder auch nur Minuten vorher an der Stelle gewesen waren. Ob ein Kaninchen hier Unterschlupf oder ein Fuchs nach Nahrung gesucht hatte und ob sie jeweils fündig geworden waren. Tiere folgen stets ihren Gewohnheiten, erklärte er, ihre Geschichten werden wieder und wieder geschrieben. Im winterlichen Schnee oder auf sommerlichem Boden spiele sich unentwegt eine Erzählung ab, und am Ende sei es die Jägerin, die, wenn sie begabt sei, das Schlusswort schreibe.

Sie brachte Eichhörnchen, Kaninchen, Truthähne nach Hause, sodass die beiden immer genug zu essen hatten. Er gab ihr auch eine aufgespulte dünne Schnur, von der sie ein Ende am Bogen befestigte, das andere am Pfeil, um selbstständig zu lernen, wie man auf die in der Reuse gefangenen Fische schießt. Oft verfehlte sie ihr Ziel, aber sobald sie einen traf, der sich der Pfeilspitze nicht entwinden konnte, kam sie mit einer Forelle zum Abendessen nach Hause.

Im Herbst überzeugte sie ihren Vater, allein nach draußen zu gehen und zum ersten Mal Rotwild jagen zu dürfen. Er zögerte zunächst, aber ihr Temperament und ihr Wille setzten sich durch. Jahr für Jahr hatte sie beobachtet, wie er das von ihm erlegte Wild in der Küche zubereitete. Also zeigte er ihr jetzt, wie sie jeden nicht allzu großen Hirsch, den sie niederstrecken konnte, zusammenbindet und rücklings aus dem Wald trägt. Mit der Nahrung für zwei Tage brach sie auf und kehrte drei Tage später zurück, nachdem sie nicht einen Pfeil von ihrem Bogen abgeschossen hatte.

Im Frühjahr des folgenden Jahres erschien ein Gänsepaar auf dem See. Viele Jahre lang hatte der Mann keine Gänse mehr gesehen und dachte daher, sie seien nur auf der Durchreise. Doch sie blieben, um zu nisten, und bildeten dann zur Zeit der Sommersonnenwende eine siebenköpfige Familie, die das grasbewachsene Ufer an der kleinen Bucht entdeckt hatte.

Als das Mädchen eines Morgens zum See hinunterwanderte, um zu angeln, stieß es unversehens auf die Schar und war von dieser Begegnung ebenso überrascht wie die Tiere. Rasch trieb die Mutter ihre Küken zusammen und schob sie ins Wasser, während der Gänserich auf das Mädchen losging. Es versuchte wegzulaufen, rutschte aber auf dem im Gras zurückgebliebenen Schmutz aus und fiel zu Boden. Ein harter Schlag, wie von einem Stein, traf es hinten am Bein. Kaum hatte es sich umgedreht, ragte schon der riesige Vogel über ihm auf. Es hob die Hände, um den Kopf zu bedecken, gerade als er noch einmal seinen Schnabel senkte und auf den Arm einhaute. Es zog die Füße an den Oberkörper, wie um sich zu schützen, schleuderte sie dann nach vorn, direkt gegen die Brust des Tieres. Er zuckte zurück, das Mädchen stand auf und humpelte nach Hause.

Der Mann ließ seiner schluchzenden Tochter ein Bad ein, begutachtete die Wunden an Bein und Arm, die er schließlich mit Stoffstreifen umwickelte, nachdem sie aus der Wanne gestiegen war und sich abgetrocknet hatte.

Nichts gebrochen, sagte er.

Er setzte sie an den Tisch, reichte ihr Tee und wartete, bis sie wieder etwas zu Kräften gekommen war.

Als sie nicht mehr zitterte, mit ruhiger Hand die Tasse ergreifen und trinken konnte, fragte ihr Vater: Sie haben dich in Schrecken versetzt, nicht wahr?

Sie nickte.

Auch du hast sie erschreckt.

Ich wollte sie nicht verletzen, erwiderte sie, und brach erneut in Tränen aus.

Der Mann wiegte sie in seinen Armen.

Du weißt, sie werden nicht fortgehen, sagte er. Also lassen wir sie entweder in Ruhe und angeln bis zum Herbst anderswo am See, oder du machst Jagd auf sie, wie im vergangenen Herbst auf das Rotwild.

Er deutete auf den Bogen und den Köcher mit Pfeilen in der Ecke der Küche, wo seine Tochter sie an eine Wand gelehnt hatte.

Auf die ganze Schar?, fragte sie.

Zuerst auf den großen Vogel: Er ist der Gänserich. Aber wenn du schnell genug bist, kannst du auch die Gans erwischen. Der Fuchs wird sich um die Küken kümmern. Wir könnten das Fleisch verwenden. Und du könntest ihre Federn benutzen.

Sie starrte auf ihren Bogen und schien in Gedanken versunken. Dann wandte sie sich ihrem Vater zu und fragte: Wann?

Es kommt Regen, erwiderte er, der wohl einige Tage anhalten wird.

Außerdem musst du deinem Arm Zeit geben, um zu heilen, fuhr er fort. Sobald es aufklart, stehen wir früh auf, gehen hinunter zum Wasser und verstecken uns hinter dem Felsen. Sie werden sich einfinden. Wenn sie aus dem Wasser steigen und eifrig Gras fressen, stehst du auf und schießt deinen Pfeil ab.

Sie schwieg, dachte nur an den Schmerz in Arm und Bein und die Angst, die sie empfunden hatte, als der große Gänserich sie attackierte – Angst, die ihr neu war, denn sie unterschied sich völlig von dem Gefühl, im Wald allein zu sein. Zugleich aber war sie ihr auch irgendwie vertraut, so als hätte diese Angst schon lange tief in ihrem Innern geschlummert.

An dem Tag, als der Regen aufhörte, standen beide früh morgens auf, und sie erklärte ihrem Vater, allein hinunter zum See gehen zu wollen. Während der dämmernde Himmel noch grau war und die Welt rings um sie schimmerte, kauerte sie sich mit dem Rücken zum Wasser hinter den großen Felsen und wartete.

Schon bald vernahm sie den Chor leise glucksender Laute der Küken, als die Gänsefamilie am Ufer entlangpaddelte, das sich bog und die kleine Bucht bildete. Sieben von ihnen in einer Reihe, der Gänserich vorn, die Gans hinten.

Aus dem Augenwinkel beobachtete sie, wie der Gänserich stolz dem Wasser entstieg und festen Boden erreichte. Die Küken – irgendwie größer geworden, seit sie sie zuletzt gesehen hatte – folgten ihm hintereinander, verstreuten sich dann, tippelten umher und pickten Gras. Die Gans kam als Letzte, zupfte vorsichtig an Halmen und hielt Ausschau, misstrauisch vielleicht gegenüber der morgendlichen Stille. Das Mädchen legte einen Pfeil ein und erhob sich.

Der Gänserich war nicht mehr als zehn Meter entfernt. Kaum hatte er die Unruhestifterin aus der Deckung hervortreten sehen, alarmierte er seine Partnerin mit quakenden Geräuschen, richtete Kopf und Körper zu voller Größe auf und stürzte sich dann mit weit ausgebreiteten Flügeln und vorgerecktem Hals auf das Mädchen.

Als es den Bogen spannte, kam ihm, allein auf weiter Flur, plötzlich die Frage in den Sinn, was seine Mutter in der Situation wohl getan hätte. Diese Frage entsprang einer so tiefen Ruhe und Neugier, dass es am liebsten die Zeit angehalten hätte und zum Haus zurückgekehrt wäre, um seinen Vater zu fragen: Kannst du mir sagen, was sie getan hätte?

Dann ließ es den Pfeil los und schickte ihn direkt durch die fast genau in der Mitte getroffene Brust des Gänserichs.

Das Mädchen legte einen zweiten Pfeil ein und näherte sich dem Wasser, wo die Muttergans in einem letzten Versuch, ihre Jungen zu bedecken, die Flügel öffnete, als wollte sie sie vor einer Gefahr schützen, die sie in der hiesigen Welt nicht überleben würden. In einer einzigen schnellen Bewegung zog das Mädchen den Pfeil nach hinten und schoss ihn ab, traf die Gans mitten in den Rücken und fixierte sie damit am Grund der seichten Stellen. Da stand es nun und schaute zu, wie die Küken in vier verschiedenen Richtungen davonschwammen.

An diesem Abend bereitete der Mann den Gänserich zu und briet ihn. Das Mädchen aber sagte kein Wort, als sie sich zur gemeinsamen Mahlzeit an den Tisch setzten. Das Fleisch war sehnig, zäh, und der Mann bemerkte, dass seine Tochter nur so viel davon aß, wie er ihr gereicht hatte, um nicht gescholten zu werden.

Den hätte mein Vater einen zähen alten Vogel genannt, sagte der Mann, um ihr ein Lächeln zu entlocken, aber sie blieb reglos und starrte auf ihren Teller.

Der Mann schob sein Essen von sich weg.

Erzähl mir, was dich bekümmert, sagte er.

Sie holte tief Luft und blickte auf. Es ist ein Wirrwarr verschiedener Gefühle, die sich nicht legen, erwiderte sie. Wie im Herbst, wenn ich das Laub vorm Haus entferne und der Wind im Kreis weht, sodass die Blätter, die ich beseitigt habe, zusammen mit neuen Blättern herumwirbeln und sich wieder dort niederlassen, wo ich sie gerade weggeräumt habe. Ich kann nichts klar erkennen.

Der Mann nickte.

Auch ich habe schon diesen Wirbel gefühlt. Was machst du dann mit den Blättern? Versuchst du, sie schneller und weiter wegzuschieben, damit sie fortwehen in den Wald? Oder wartest du auf einen Tag, an dem der Wind abflaut?

Ich warte auf einen Tag, an dem kein Wind weht, und trage sie dann in den Wald, erklärte sie. Außerdem werden bis dahin einige weitere Blätter von den Bäumen gefallen sein.

Genau, bestätigte der Mann. Also ist es vielleicht noch zu früh, die Blätter an der Stelle in dir drinnen zu entfernen, wo sie jetzt herumwirbeln.

Sie schob ihren Teller ebenfalls weg und drehte den Kopf in Richtung des Sees.

Jedenfalls habe ich sie beobachtet, fuhr sie fort. Zwei Blätter kehren immer wieder zurück. Ich weiß, dass ich, als ich sie erlegte, mich selbst ebenso beschützt habe wie das Wasser, aus dem wir Nahrung bekommen. Nicht deswegen fühle ich mich schlecht.

Du fühlst dich schlecht wegen der Kleinen.

Sie hat versucht, sie zu beschützen.

Wir hätten es auch auf andere Weise tun können, sagte der Mann.

Wie denn?

Sie in einer Falle fangen. Aber dann hätten wir sie trotzdem töten müssen, in direktem Kontakt, mit einem Messer. Und was, wenn wir anstelle der Gänse versehentlich Seetaucher gefangen hätten?

Sie schwieg.

Warum habe ich solche Gefühle?, fragte sie schließlich.

Weil du allmählich verstehst.

Was verstehst?

Dass alles sein Ende hat. Und dass wir unsere Rolle zu spielen haben, bis hin zu diesem Ende.

Wieder verfiel sie in Schweigen, starrte auf den Tisch und schaute dann zu ihrem Vater auf.

Weißt du, was ich mir am meisten wünschen würde?, fragte sie. Als ich weinend in der Wanne lag und mein Arm schmerzte wie ein großer Daumen unter einem Felsen?

Was?, fragte der Mann.

Ich wünschte mir, mit diesen Gänsen sprechen zu können. Ihnen zu erklären, warum wir nicht wollten, dass sie unser Ufer beschmutzen. Warum es bessere Stellen gab, um ihre Jungen aufzuziehen. Vielleicht hätten sie es verstanden. Oder mir etwas über sich beigebracht. Wie der Bär in deiner Erzählung, der den Menschen geholfen hat.

So hätte es deine Mutter gemacht – sich zu den Gänsen gesetzt und gesagt: Jetzt seht mal her. Was werden wir tun?

Sie standen auf, räumten die Teller ab, und der Mann trug Minze und heißes Wasser zum Tisch. Er gab die Minze in Tassen, goss das Wasser darüber und reichte ihr die eine.

Möchtest du eine weitere Geschichte hören?, fragte er.

Nein, entgegnete sie.

Sie ist nicht dafür gedacht, dich aufzuheitern. Diese Geschichte kam mir einmal zu Ohren; sie handelt von jemandem, der die Tiere verstand. Das hat ihn und andere gerettet, als es noch andere Menschen gab.

Hat meine Mutter die Geschichte gekannt?

Ja, antwortete der Mann.

Also gut, sagte sie.

Vor langer Zeit, begann er, lange bevor viele andere die Erde bewohnten, gab es Menschen, die hier ansässig waren, im Schatten des Berges, der allein steht. Abgesehen von unseren Büchern und Werkzeugen lebten sie ziemlich genau so, wie wir es heute tun – bauten Gemüse an, suchten nach Essbarem, angelten auf dem See und jagten in den Wäldern.

Einer der Männer, der ihnen angehörte, war ein großer Jäger, den sie Thorn nannten. Er wurde verehrt wegen seines geschickten Umgangs mit Pfeil und Bogen und seiner Fähigkeit, Nahrung zu beschaffen. Wenn er auf die Jagd ging, verschwand er für mehrere Wochen. Es hieß, zu Beginn seiner Unternehmungen streife er zwei Mondphasen lang durch den Wald, ernähre sich nur von Blättern, Baumrinden und Insekten. Dann sprach er, während zweier weiterer Mondphasen, mit den Tieren: Hase, Truthahn, Rotwild – je nachdem, welche Beute er in der betreffenden Jahreszeit erlegen wollte. Er zeigte Achtung vor ihrem Leben, dankte ihnen für ihr Beispiel, wie man einträchtig mit der Natur lebt, und versprach, ein Feld mit Süßgräsern zu bepflanzen, die ihre Familien fressen und teilen konnten, wenn sie selbst sich seinen Leuten ergeben würden. Jedes getötete Tier bereitete er rasch zu, verscharrte dessen Überreste und legte auf das Grab den abgebrochenen Pfeil, mit dem er es niedergestreckt hatte.

In einem langen, heißen und trockenen Sommer kehrte Thorn von einer Jagd zurück, die einen ganzen Monat gedauert hatte, konnte aber kaum mehr vorweisen als ein paar Kaninchen sowie einen alten Bock. Sämtliche Bewohner des Waldes ruhten zurückgezogen in irgendeiner Höhle oder an einer kühlen, grasbewachsenen Stelle, die sie hatten finden können. Nach jeder Rückkehr überließ Thorn seine Beute den Köchen mit ihren Räuchervorrichtungen und fiel in einen langen, tiefen Schlaf.

Dieses Mal hingegen wurde er nach nur eintägigem Schlaf von der Anführerin der anderen geweckt.

Thorn!, schrie sie. Der Blitz hat den Wald in Brand gesetzt!

Er regte sich und roch den Rauch, der vom Berg herabwehte und sich um den See legte. Unverzüglich forderte er sie auf, nach besten Kräften alles und jeden zu versammeln und zu den Kanus zu laufen. Die Insel würde sie retten. Doch als sie am Ufer angekommen waren, mussten sie feststellen, dass die Kanus bereits in Flammen standen. Kein einziges konnte in Sicherheit gebracht werden. Nun drängte das Feuer die Menschen vom See in ihr Dorf zurück, trieb sie tiefer in den Wald hinein. Kurz darauf sah Thorn, wie sich von der anderen Bergseite ein zweites Feuer talwärts wälzte. Sie alle schienen verloren, nichts von ihnen würde übrig bleiben als Knochen, begraben unter der Asche des Ortes, den sie einst bewohnt hatten.

Was hat er unternommen?, fragte die Tochter.

Thorn erhob seine Hände und seine Stimme und rief die Macht jedes Tieres im Wald an, das ihm und seinem Volk helfen konnte. Jedes Tier, das ihn als großen Jäger kannte und verstand, dass er lebte, wie es ihm gewährt wurde, und er gleicherweise sterben würde, wenn die Erde es so wollte.

Da bemerkten sie, wie Thorn sich plötzlich in einen riesigen Puma mit silberbraunem Fell verwandelte, die Menschen auf seinen Rücken lud und zwischen den brennenden Bäumen hindurch zum Seeufer hetzte. Dort verwandelte sich der Puma in einen Adler von der Größe einer Bergspitze, flog die Menschen über das Wasser und brachte sie zur Insel. Schließlich erschien am Ufer die Gestalt eines großen Bären, der mit tiefer Stimme zu den Stammesmitgliedern sprach. Habt keine Angst. Nicht alles ist verloren, sagte er und führte sie zum höchsten Punkt der Insel, von wo aus sie auf den brennenden Wald hinabblickten. Und als sie sich umdrehten, um dem Bär zu danken, sahen sie allein Thorn auf der Erhöhung stehen, welche die Mitte der Insel kennzeichnet, Arme und Antlitz zum Himmel erhoben, während sich die Wolken öffneten und der Regen zu fallen begann.

Auch wenn ihr bewusst war, dass der Vater die Geschichte hatte ausklingen lassen, verharrte sie an ihrem Platz in der abendlichen Stille und betrachtete wie gebannt die Schatten auf seinem Gesicht.

Was ist mit ihnen geschehen? Am Ende, meine ich, sagte sie schließlich.

Mir wurde berichtet, der Stamm sei auf der Insel geblieben, habe einfache Feldfrüchte angebaut und Fischfang betrieben. Und eines Tages, als er ein alter, alter Mann war, fuhr Thorn in einem Kanu aus Birkenholz über den See, ging in den Wald und wurde nie mehr gesehen.

Sie drehte sich zur Seite, um gedankenversunken durch das Fenster zu blicken. An ihrem Vater vorbei. In das dämmrige Zwielicht. Hinüber zu der Insel.

Der Mann stand auf, entzündete eine Lampe und setzte sich wieder.

Mein Vater, fuhr er fort, erzählte mir und deiner Mutter kurz vor seinem Tod, Thorns Geist lebe noch immer an den Ufern des Sees und entlang der Wege im Wald. Er wache über alles hier und werde darum niemals sterben.

Erneut wandte sie sich ihrem Vater zu.

Hast du ihn je gesehen?, fragte sie.

Nein. Aber ich habe ihn gefühlt. Als ich, nachdem ich deine Mutter begraben hatte, zu diesem Haus zurückkehrte, wachte ich nach der ersten Nacht, in der du und ich allein hier schliefen, früh morgens auf, weil ich zu hören glaubte, wie die Tür sich öffnet. Es war kalt, draußen lag Schnee, und ich wusste, dass ich mehr Holz auf das Feuer legen sollte, damit es nicht ausgeht. Doch nach dem, was ich kurz zuvor bewältigt hatte, war ich außerstande, mich zu bewegen. Ich kann es nicht erklären. Ich spürte, dass jemand da war, zugleich aber auch, dass wer immer es war nichts Böses im Schilde führte. Dann sagte mir so etwas wie eine Stimme, die keine normale Stimme war, ich solle wieder einschlafen. Also tat ich es. Am Morgen war das Feuer geschürt worden und brannte, und auf dem Boden glänzte eine kleine Pfütze, die aussah wie geschmolzener Schnee.

Jetzt starrte seine Tochter auf das Feuer im Herd.

Ich habe das Gleiche empfunden, sagte sie. Draußen im Wald, während der Jagd. Manchmal fühlte es sich so an, als wäre jemand bei mir. In anderen Momenten einfach nur wie Stille. Als würde kein einziges Blatt umherwirbeln. Als wäre alles genau an dem Ort, wo es sein sollte.

Am nächsten Tag trug das Mädchen die blutbefleckten und unbefiederten Pfeile, mit denen es die Gänse erlegt hatte, hinunter zum Ufer, brach sie entzwei und stieß sie tief in den Boden am Fuß des Felsens. Da sein Vater die ausgerupften Federn des Geflügels aufbewahrt hatte, entnahm es ihnen die Handschwingen, suchte nach neuen, formbaren Birkenzweigen, und fertigte aus den Vogelschnäbeln zwei dünne, scharfe Spitzen. Mit diesen Pfeilen jagte es einen Tag lang nach Forellen in den geschützten Reusen auf dem See. Ihm war klar, dass die Pfeilspitzen wegen ihrer Leichtigkeit nicht lange halten würden. Doch an jenem Abend brachte das Mädchen fünf Fische mit nach Hause. Sein Vater salzte und trocknete sie, und das war ihre Abendmahlzeit für eine weitere Woche.

Als sie elf wurde, schenkte ihr der Vater ein neues Paar Schuhe. Vor langer Zeit hatte er ihr beigebracht, wie sie sich selbst welche anfertigt, was sie auch tat, indem sie die Häute des Wilds, das der Vater mit seinem eigenen Bogen getötet hatte, gerbte und die Lederteile mit dem Flechsengarn zusammennähte. Aber der Mann wollte, dass diese Schuhe besonders robust und strapazierfähig seien. Den ganzen Winter arbeitete er daran, während seine Tochter schlief. Nach Beendigung der Arbeit waren die Sohlen dreifach gepolstert und die Innenseiten mit Kaninchenfell gefüttert. Am nächsten Morgen trug sie die Schuhe auf ihrer gemeinsamen Wanderung zum Gipfel des Berges, und ein Jahr später sahen sie nicht abgenutzter aus als an dem Tag, da sie sie bekommen hatte.

Zu ihrem zwölften Geburtstag gab ihr der Vater einen Feuerstein mit Schlageisen in einem Hirschlederbeutel. Als beide dann an jenem Morgen die Bergspitze bestiegen und den Blick über Wald und See schweifen ließen, sagte er ihr, sie müssten sich auf eine lange Reise vorbereiten – das hieße, genau zu überlegen, was sie an Gepäck mitnähmen, und, obwohl er den Weg kannte, die alten Lande, die sie durchwandern würden, auf der in einem Buch zusammengefalteten Karte zu studieren.

Sie stand neben dem Grab ihrer Mutter, hörte zu und fragte schließlich: In welcher Richtung durch die Lande?

Nach Osten, erwiderte er, und deutete zu der Stelle, wo die Sonne schien, als wäre sie an diesem Morgen allein zu diesem Zweck aufgegangen. Zum Meer. Nach all dem vielen Gerben und Fischen brauchen wir mehr Salz. Die Hickorywurzel allein reicht nicht aus. Zwei von unseren größten, mit Meerwasser gefüllten Kürbisflaschen werden uns genügend Salz liefern, um wieder mehrere Tierhäute zu gerben.

Wie gewinnen wir es?, fragte sie.

Wir werden unsere Töpfe nehmen, Feuer im Sand machen, so viel Meerwasser wie möglich zum Sieden bringen, wodurch das Salz ausfällt. Bis zur Herbst-Tagundnachtgleiche sollten wir wieder auf dem Heimweg sein.

Gibt es einen Weg zu diesem Meer?

Nicht mehr. Mein Vater nahm mich dorthin mit, als ich so alt war, wie du jetzt bist. Außerdem haben deine Mutter und ich die Reise zweimal unternommen. Auf der letzten regnete es während einer ganzen Mondphase, weshalb wir in der kleinen Höhle unterhalb eines Felsvorsprungs Unterschlupf suchen mussten. Darin lebten wir bis nach dem Herbstäquinoktium, mit einem kleinen Feuer, um Wasser für Tee zu kochen, den gefangenen Fisch zu braten und uns daran Geschichten zu erzählen, die uns in der Kindheit beigebracht worden waren. Als schließlich die Sonne aus den Wolken hervortrat, trockneten wir unsere Sachen, verpackten das Salz und kehrten vor Wintereinbruch nach Hause zurück. Bei der darauffolgenden Sommersonnenwende bist du zur Welt gekommen.

Sie beobachtete ihren Vater, während er sprach, und bemerkte, wie er in die Ferne starrte, nicht die des Himmels, sondern die der Zeit, als suchte er nach der Erinnerung an eine Sache oder eine Person, die er längst hinter sich gelassen hatte.

Wie sieht es aus?, fragte sie. Das Meer.

Der Mann nahm einen tiefen Atemzug und überlegte. Er konnte ihr wieder die Dichter zitieren, aber sie war nicht an einer literarischen Beschreibung interessiert. Er wusste, dass sie auf ein anderes Bild aus war.

Siehst du den See da unten?, fragte er. Die Insel, das nahe Ufer, das ferne? Die gesamte, von Wald umsäumte Weite?

Ja, erwiderte sie.

Stell dir vor, dies alles, was du von hier aus vor Augen hast – See, Bäume, die Berge bis zum Rand des Horizonts –, sei Wasser. Endloses blaues Wasser, durchzogen von Wellen in ständiger Bewegung. So sieht das Meer aus.

Seine Tochter runzelte die Stirn.

Ich kann es mir nicht vorstellen, sagte sie.

Nein, kannst du nicht. Nicht, bevor du es siehst. Und hörst. Und riechst.

Noch immer schaute sie in Richtung Osten.

Und du hast gesagt, wir würden im Sand schlafen. Was meintest du damit?

Überall dort, wo das Meer aufs Land trifft, gibt es lang gezogene Strände mit weißem Sand, so breit wie die Strecke zwischen dem See und unserem Haus. Unablässig weht eine Brise, und du kannst den Duft von Wildrosen riechen. Nachts ist es so, als schliefe man am äußersten Ende der Erde.

Da lächelte das Mädchen und sagte: Ich kann's nicht erwarten, mit dir das Meer zu sehen.

Kurz nach der Sonnenwende brachen sie auf. Jeder trug einen Rucksack. In dem des Mannes befanden sich Töpfe, zwei Pfännchen, Schnur, Angelhaken, Bettwäsche, ein Messer, mehrere Hirschlederbeutel für das Salz, das sie zurückbringen würden, Nahrungsmittel und eine mit Wasser gefüllte Kürbisflasche. Seine Tochter hatte eigenes Bettzeug dabei, ihren Kamm, ein Messer, den Kompass, Feuerstein und Schlageisen, Nahrung und Wasser, einen Köcher mit neun Pfeilen und den Bogen. Als sie ihn fragte, warum er seinen Bogen nicht mitnehme, erwiderte er, es genüge, wenn sie für beide auf die Jagd gehe. Also schulterte sie den ihren, und sie zogen los.

Sie wanderten in nordöstlicher Richtung und entzündeten jede Nacht an der Stelle, wo sie das Lager aufschlugen, ein Feuer. Sie brauchten die Zeit von Neumond bis Vollmond, um zu den Ufern eines breiten und tiefen Flusses zu gelangen, der sich südwärts schlängelte. Ab diesem Vollmond bis zu einem weiteren Halbmond marschierten sie entlang der westlich gelegenen Flussseite nach Norden, angelten Fische, um ihren Hunger zu stillen, und begannen den Aufstieg in die hohen Berge. Mittlerweile waren sie so weit nach Norden vorgedrungen, dass sie manchmal in den schattigen Schluchten durch hüfthohen Schnee stapften, der dort selbst im Sommer nicht schmolz. Schließlich konnten sie den Fluss in einem reißenden, aber schmalen Abschnitt überqueren – das Mädchen mit einem Stück Liane an seinen Vater gebunden, die Rucksäcke hoch über die Köpfe gehalten.

Nun kletterten sie abwärts nach Süden und Osten, stießen auf Wälder und Wiesen, wo Kleinwild sich tummelte, das sie jagten, zubereiteten und kochten. In dem Hain oberhalb eines Zuflusses, der, unterwegs zum größeren Fluss, aus den Bergen hervorströmte, schoss das Mädchen mit seinem Bogen einen einjährigen Hirsch. Sie kampierten eine Zeit lang an den Ufern jenes Zuflusses, während der Mann den Hirsch schlachtete und das Fleisch auf einem Gestell räucherte, das er aus den Zweigen entwurzelter, vom Frühjahrshochwasser angeschwemmter Bäume gefertigt hatte. Anschließend setzten sie ihre Wanderung fort.

Zwei weitere Mondphasen führten sie auf ihrem Weg in östlicher Richtung aus den Bergen und deren Ausläufern hinaus in Marsch- und Sumpfland, wo hohe und leblose Baumstümpfe umfielen, wenn sie dagegen drückten. Es gab kaum Lagerstellen, die nicht überschwemmt waren und von Insekten wimmelten, weshalb der Mann und das Mädchen nicht haltmachten, um zu schlafen, sondern weitergingen durch die Nacht.

Untergehender Mond und aufgehende Sonne hielten sich am Horizont die Waage, als sie einen Hügel erklommen und ein ausgedehntes Gebiet erreichten, das von zwergenhaften Moränen und abfallenden Senken durchzogen war und übersät mit langstieligen Gräsern und blühenden Unkräutern. Es ähnelte keiner Wiese, keinem Seeufer, die das Mädchen je gesehen hatte, derart gleichförmig und ungebrochen war die Landschaft in ihrem beständigen Wogen. Der Mann pflückte eine Handvoll junger Amaranthtriebe, die aus dem Boden sprossen, und legte sie in seinen Rucksack. Daraufhin wanderten die beiden auf eine Anhöhe, überprüften die weite Aussicht und setzten sich, um etwas zu essen. Das Mädchen war müde von dem nächtlichen Gang und sehnte sich nach Schlaf. Seinen Vater hingegen schien der Ort in angeregte Stimmung zu versetzen.

Als ich mit meinem Vater hierher kam, sagte er, ragten aus dem Boden noch immer einige Mauern auf. Nicht viele davon, doch gut sichtbar. Mit deiner Mutter vor nun über zehn Jahren lagen Ziegel und Glasscheiben über die Erde verstreut, aber nichts stand mehr aufrecht. Jetzt sieht es so aus.

Seine Tochter starrte in die Leere, die sich vor ihren Augen ausbreitete.

Mauern wofür?, fragte sie.

Häuser. Größer als unseres. Reihe für Reihe, wenn du dir das vorstellen kannst. Es ist schwer zu beschreiben. Nie zuvor habe ich so etwas gesehen.

Sie konnte den Blick nicht abwenden von der Landschaft und sagte dann: Die anderen.

Der Mann nickte.

Vor langer Zeit, sagte er.

Eine Weile lauschte sie nur der seltsamen, waldartigen Stille des Ortes und begann zu dösen – bis sie hörte, wie ihr Vater den Rucksack absetzte und von der Anhöhe in eine tiefe Senke unter ihnen hinabging.

Rasch erhob sie sich und rief: Nein!

Der Mann hielt inne und drehte sich um.

Was hast du?, fragte er.

Nein. Geh nicht. Wir wissen nicht, was dort unten ist.

Er stand mitten auf dem grasbewachsenen Abhang.

Ich glaube nicht, dass es dort unten etwas gibt, von dem man wissen muss. Aber vielleicht finden wir etwas, das wir benutzen können.

Er setzte seinen Weg über das Gefälle fort, während sie beobachtete, wie er den Schritt verlangsamte, vorsichtig den Rand einer Vertiefung umrundete, und dann plötzlich darin verschwand. Sie stand wartend da, bemüht, die Angst zu verdrängen, als wäre ein übergroßer Gänserich vor ihr aufgetaucht – bis der Mann schließlich aus der Vertiefung kletterte und zur Spitze des Hügels zurückkehrte.

Er hielt ein schlammverschmiertes Stück Glas in der Hand und sagte: Daraus kann man eine gute Pfeilspitze für Kleinwild machen.

Er zeigte es ihr, öffnete seinen Rucksack, nahm ein Stück Leder heraus, umwickelte das Glas damit und verstaute es neben der Angelleine.

Vorwärts!, sagte er. Möglicherweise finden wir noch etwas anderes.

Sie zögerte.

Der Mann deutete zu der Stelle, wo er das Glas entdeckt hatte, und sagte: Nur ein Stückchen weiter.

Also setzte auch sie Rucksack und Bogen ab, worauf beide den nächsten Hügel hinauf- und hinabstiegen. Dahinter grub der Mann im Boden, um seiner Tochter zu zeigen, wie die Mauern aussahen: farblose, flache und gleichförmige Blöcke, ihre hohlen Kerne mit Erde gefüllt, Insekten eingeschlossen im Lehm. Einen Klumpen dieser Erde hob er hoch, schleuderte ihn durch die Luft, und etwas bewegte sich nah dem Punkt, wo er auftraf. Etwas Kleines, Flinkes, Schattenhaftes. Er schaute sie an, um herauszufinden, ob sie es ebenfalls erblickt hatte, aber dem war nicht so, und er schien froh darum.

Zur Mittagsstunde machten sie halt, um zu essen, und untersuchten dann in der nachmittäglichen Hitze zwei weitere Aufschüttungen, fanden aber nichts sonst. Die Überreste dessen, was einst bestand, lagen zu tief unter Erdschichten. Schließlich wanderten sie zu der Anhöhe zurück und errichteten ihr Lager für die Nacht.

Sie schliefen unruhig im Gras unter dem wieder abnehmenden Mond. Zwei Bewohner einer Welt, die nun für niemanden mehr erkennbar war, mit Ausnahme jener beiden, die zuerst gekommen waren; denn all die anderen, die vormals Herrschaft und Titel beansprucht hatten und glaubten, derentwegen würde man sich ihrer erinnern, ruhten reglos und vergraben im Boden.

Am Morgen erwachten sie von Tau durchnässt. Sie machten kein Feuer, verzehrten schweigsam getrocknetes Wildfleisch mit Amaranth und packten anschließend das Wenige zusammen, das zu ihrem Biwak gehörte. Als im Osten die Sonne aus einem Dunstschleier hervorstieg, wandte der Mann ihr sein Gesicht zu, wohl wissend, dass sie noch zwei Nächte im Freien zu verbringen hätten, ehe sie das Meer erreichten. Dann drehte er sich zu dem Mädchen, um ihm dies mitzuteilen.

Kurz darauf erspähte er ihn, den Abglanz schwachen Lichts, reflektiert von einem Gegenstand am fernen Rand der Grasfläche, an einer Stelle, die sie bislang nicht aufgesucht hatten. Er eilte den Hügel hinunter, um zu ihr zu gelangen, fiel dort auf die Knie und begann mit den Händen zu graben.

Es war ein weiteres Stück Glas. Jedoch eines, in dem sich trotz Schmutz und Kratzern auf der Oberfläche das Gesicht des Mannes widerspiegelte. Er wischte die Scherbe mit dem Ärmel ab, kehrte zu seiner Tochter zurück und zeigte sie ihr.

Was siehst du?, fragte er.

Sie blickte ins Glas und schreckte zurück, blickte dann abermals hinein.

Es ist, als würde man ins Wasser schauen, aber ich kann mich ganz deutlich erkennen.

Einst besaß deine Mutter ein solches Glas, in einen Holzrahmen gefasst und mit einem hölzernen Griff versehen. Es war das ihrer Mutter. Und davor das von jemand anderem.

Hat sie so ausgesehen?, fragte sie, noch immer ins Glas starrend.

Ja, erwiderte der Mann.

Was ist mit dem Glas passiert?

Ich weiß es nicht. Zuletzt sah ich sie damit kurz vor deiner Geburt. Danach nie mehr.

Sie drehte das Glas hin und her, ihr Spiegelbild war jedes Mal dasselbe. Dann ließ sie es sinken.

Ich werde es aufbewahren für Pfeilspitzen, sagte sie und legte das Glas in ihren Rucksack.

Dort drüben liegt ein Mauerbereich frei, den wir gestern übersehen haben, erklärte er. Betrachten wir ihn etwas näher, bevor wir aufbrechen.

Sie wollte Nein sagen, wollte diesen Ort hinter sich lassen, weiterwandern in Richtung Meer, doch ihr Vater hatte immer gewusst, welche Vorgehensweise die beste war und warum. Also setzte sie ihren Rucksack erneut ab, behielt aber Bogen und Köcher bei sich und folgte ihm.

Das Mauerwerk auf jener Hügelkuppe bestand aus kaum mehr als vier rechtwinkligen Blöcken in der gleichen Anordnung, wie sie vor langer Zeit errichtet worden waren. Die bröckelnden Bindesteine waren mit Erde bedeckt und von Unkraut überwuchert, der Rest verschüttet. Dahinter jedoch erspähten sie ein Gefälle, doppelt so tief ins Fundament führend, wie der Mann groß war. Einen düsteren Schacht, ausgewaschen durch Regenwasser, das Jahr um

Jahr über den Stein geflossen und wieder und wieder im Grund versickert war. Obwohl mittlerweile kein Dunst die Sonne trübte, erhellte doch kein Licht den Boden.

Das Sickerwasser wird einige Dinge freigelegt haben, sagte der Mann und schwang sich auf die Kante des Gemäuers.

Die erste Reihe der Blöcke brach weg und stürzte mit spritzendem Geräusch ins Dunkel. Aus seiner kauernden Stellung trat er gegen die anderen. Sie hielten stand, worauf er über die Mauer kletterte, sie oben umfasste, um den Körper frei baumeln zu lassen und schließlich den Griff zu lösen.

Sie beobachtete, wie er fiel, konnte aber wenig mehr als Schatten sehen und klatschendes Wasser hören. Es folgte eine lange Stille, und sie vermutete, dass er wartete, bis sich seine Augen an das Dunkel gewöhnt hatten. In die Schatten spähend, konnte sie nur seinen Kopf erkennen, der sich hin und her drehte.

Was für ein wüstes Durcheinander hier unten!, rief er.

Sie nahm an, er würde kehrtmachen und die Mauer wieder hochsteigen, damit beide ihren Weg fortsetzen konnten. Stattdessen aber hörte sie ihn am Wasserlauf entlanggehen, lauschte dem harten Scheppern rostigen Metallschrotts, der gegen irgendeinen Stein geschleudert und weggeworfen wurde. Weiter nach vorn über die Mauerkante gebeugt, bemerkte sie, wie sich sein Kopf bald bewegte, bald verharrte. Dann tastete seine Hand nach einem Gegenstand, der ihr verborgen blieb, ja sie wusste nicht einmal, ob er ihn berührt hatte – und fragte sich, was ihn an einem derart finsteren Ort in den Bann schlug. Auf welche Entdeckung konnte er hoffen?

Plötzlich war da eine Bewegung, die nicht von dem Mann ausging. Noch vom Wasser. Noch vom Unkraut, das in solchen Schatten häufig wuchs. Nun näherte sich etwas seinem Arm, der durchs Dunkel streifte. Ein Schwanz hatte sich aufgerichtet. Im schräg einfallenden Licht konnte sie ihn wahrnehmen. Allein sie. Und wieder griff seine Hand nach etwas. Griff direkt hinein in das Aufblitzen von Augen und Zähnen.

Sie schrie im selben Moment, in dem er schrie, erstarrte und seine Hand vor die Brust zog, während sie ihren Bogen an sich riss und einen Pfeil einlegte, aber nichts sah, auf das sie hätte schießen können.

Bist du verletzt?, rief sie ihm nach unten zu.

Der Mann hob sein Gesicht zum Licht.

Ich bin gebissen worden!

Er stieg aus dem Wasser und kehrte an die Stelle zurück, wo er sich hinabgelassen hatte. Wohl wissend, dass die Mauer zu steil war, um mit einer Hand erklettert zu werden, lehnte sie sich so weit wie möglich vornüber und streckte ihm den Bogen entgegen. Seine unversehrte Hand umschloss den unteren Wurfarm, und sie hievte ihn höher, immer höher, bis über die Brüstung – mit einer so übermächtigen, aus Furcht und Schrecken gespeisten Kraft, dass beide von ihr ins Gras geschleudert wurden.

Benommen stand sie nach einer Weile auf und wollte seine Hand nehmen, um den Biss näher zu betrachten, doch er zog sie zurück und untersuchte die Wunde selbst. Dem oberen, schlammverschmierten Teil des Handtellers war die Form eines Mundes mitsamt Zähnen eingeprägt worden. Mit dem Ärmel versuchte er, den Schmutz aus dem Abdruck wegzuwischen, aber er zitterte, konnte die Hand nur spreizen und gab auf.

Die muss ich reinigen, sagte er.

Er taumelte hinüber zu den Rucksäcken, entstöpselte mit der gesunden Hand eine Kürbisflasche und wusch zuerst die Handfläche, dann den Handrücken aus. Anschließend entfernte er vorsichtig ein kleines, abgebrochenes Stück Zahn von unter der Haut, goss das restliche Wasser über seine ganze Hand und schüttelte sie trocken.

Was war es?, fragte sie.

Zu dunkel, erwiderte er.

Meinst du, es war krank?

Keine Ahnung. Jedenfalls wütend genug, wenn nicht gar rasend vor Zorn.

Sie kampierten an der gleichen Stelle wie die Nacht zuvor, kochten das mitgebrachte Wasser, um Amaranthtee zuzubereiten und mit dem Aufguss die Wunde zu lindern. An jenem Tag, in jener Nacht sahen und vernahmen sie nichts weiter von irgendeinem Tier, als wäre der Ort niemals Grund und Boden gewesen, auf dem Tiere des Waldes umherwandern, geschweige denn bleiben mochten oder dies niemals mehr tun würden. Der Mann erklärte, das habe er beim Durchqueren des hiesigen Landes immer so empfunden – die bis ins Innerste fühlbare Leere und Totenstille. Daher begreife er umso weniger, warum er nicht auf seine Tochter gehört habe und nicht unverzüglich mit ihr aufgebrochen sei.

Ich habe versucht, meinen Bogen zu spannen, warf sie ein. Doch es war finster.

Der Mann schüttelte den Kopf.

Um nichts in der Welt hättest du etwas erkennen können, sagte er.

In der Morgendämmerung, als sie aufstanden, war die Hand des Mannes geschwollen und blau, und das Mädchen dachte laut darüber nach, ob sie nicht lieber nach Hause zurückkehren sollten. Aber er versicherte ihm, das Meer sei nah und das Salzwasser wohltuend, um die Wunde zu reinigen.

Wir sollten zu Ende führen, wofür wir gekommen sind, sagte er.

So packten sie ihre Sachen zusammen und zogen weiter.

Vom Morgen jenes Tages bis zum Schwinden des Lichts bewegten sie sich durch wechselnde Landschaften mit dünnstämmigen Bäumen, freiliegenden Felsen, marschartiger Vegetation und hielten nur an, um Schafgarbe zu sammeln, wo sie sie finden konnten, sowie Beinwell und Breitwegerich, wenn sie darauf stießen. Aus diesen Pflanzen und der Holzkohlenasche vom abendlichen Feuer machten sie einen Wickel für die Hand des Mannes, den sie mit Wegerichblättern bedeckten und mit Erdnussranken um Handgelenk und Handteller festbanden.

Am dritten Tag neigte sich die Sonne gerade gen Westen, als das Mädchen unvermittelt stehen blieb, die Nase hob wie ein Reh auf der Wiese, und lang und tief einatmete. Es versuchte zu sprechen, sog noch einmal die Luft ein und sagte: Ich rieche Kiefer und Rose, aber da ist noch etwas anderes. Der Geruch von ...

... Meer, ergänzte der Mann, der froh war um die Rast. Das ist der Geruch des Meeres.

Sie schlängelten sich durch das Gestrüpp zu einer kahlen, mit Felsen bestückten Stelle und machten Halt am Rand einer Klippe. Im heftig und stetig wehenden Wind richteten sie den Blick hinaus auf die wild bewegte Flut. Im Wasser darunter tauchten aus den Tälern Felsformationen auf und verschwanden wieder in den schäumenden Kämmen der Wellen, die vorwärts rollten, eine nach der anderen, immerzu anwachsend und schneller werdend, bis sie sich kräuselten, um mit ohrenbetäubendem Grollen niederzustürzen. Obwohl die Oberfläche sich rhythmisch hob und senkte, schien sie zugleich nie vorzurücken. Eine glatte Oberfläche, die sich bis zum Horizont erstreckte, ununterscheidbar fast von dem silbrigen Blau des Wassers. Dadurch gewann das Mädchen den Eindruck, Meer und Himmel würden ineinander übergehen und bogenförmig aufwärts streben, um sich wie ein gewaltiger Dom über die Erde zu wölben.

Der Mann suchte mit den Augen die Küste ab, berührte seine Tochter an der Schulter und deutete in die Ferne zu einem lang gezogenen weißen Strand.

Dorthin werden wir gehen, sagte er. Wo ein Bach hervortritt.

Sie schlugen den Weg um das Hinterland ein und folgten ihm, bis sie die Sonnenstrahlen durch einen Riss in den westlichen Wolken schräg herabfallen sahen, um sich dann erneut nach Osten zu orientieren. Das Mädchen fragte sich, welche Schmerzen sein Vater wohl durchstehen musste. Der jedoch zeigte keinerlei Anzeichen von Schwäche und ging mit zügigen Schritten auf dem Weg, den er kannte und zuvor gegangen war, als habe er dies und nur dies zu tun. Sie erklommen und umrundeten übereinandergetürmte Gesteinsbrocken, verschwanden wieder zwischen Mischhainen und Wasserläufen, die aus dem Nirgendwo aufzutauchen schienen. Nach einer Weile steuerte der Mann auf das Ufer eines der Bäche zu, der hier hügelabwärts zu fließen begann. Der Weg wurde steiler und steiler, bis die Strömung aus dem Schutz der Hemlocktannen und Buchen sturzartig hervorbrach, dann an geglätteten und geschwärzten Felsen entlangführte wie ein langer, meerwärts gestreckter Finger, um sich schließlich im feuchten Sand verebbter Wellen zu verlieren.

Die beiden standen Seite an Seite am Strand, blickten hinaus aufs Wasser und lauschten den Brechern, die gegen das Festland brandeten. Sie atmete den Duft von Salz ein und wandte sich ihrem Vater zu.

Wir sollten zur Höhle gehen, meinte er, bevor sie etwas sagen konnte.

Ist sie nah?

Längs der Küste. Unterhalb der Klippe, auf der wir gestanden haben.

Sie wanderten am Strand entlang, kletterten über Steine, heruntergerollt von der Landspitze, durchwateten Priele, gespeist vom Süßwasser aus den Wäldern. Die Sonne war lange versunken, schon bestäubte ein Sternenschleier den Himmel, als der Mann in Richtung der Klippe zeigte: ein mächtiger runder Vorsprung, rußfarben an die Felswand geschmiegt, die höher aufragte als jede andere an dieser Küste. Sie hielten darauf zu, als läge dort ihr Zuhause.

Der Boden war mit Sand bedeckt, die hinteren Wände mit Flechten und Feuchtigkeit, der Raum aber groß genug, um darin zu stehen. Außerdem gab es Platz, um die Sachen auszubreiten, die sie mit sich trugen.

Draußen sammelte das Mädchen trockene Gräser, Stöcke und Treibhölzer, die im Dunkel noch auffindbar waren, brachte das Bündel in die Höhle, grub beim Eingang ein kleines Loch und benutzte Feuerstein und Schlageisen, um in geraspeltes Zedernholz die Funken überspringen zu lassen. Damit beschäftigte es sich, bis der Zunder aufglomm und entflammte und das Feuer zu brennen begann.

Der Himmel klarte auf und die Nacht war trocken. Der Mann und das Mädchen saßen am Höhleneingang, teilten sich den Rest der Seeforelle und schauten hinaus auf die Wellen.

Morgen, sagte er, werden wir unsere Feuer für die Salzgewinnung in Gang bringen.

Der starke Wind war zu einer Brise abgeflaut. Nach dem Ende der Mahlzeit wollte seine Tochter wissen, wie sich die Hand anfühle.

Ungefähr so, wie du dich gefühlt hast, als der Gänserich auf dich einschlug.

So schlimm, sagte sie.

Der Wickel hilft.

Sie schwieg einen Moment und fragte dann: Warum bist du in diesen Schacht hinuntergestiegen?

Er hob nicht seine Augen, die auf das Feuer gerichtet waren, um sie anzublicken.

Es war wie ein Sog, erwiderte er. Dort liegt so vieles begraben. So vieles, das ich nicht verstehe. Immer wieder habe ich mir die Frage gestellt, wie all das geschehen konnte.

Dein Vater hat es nicht gewusst?

Er kannte nur die Familie deiner Mutter. Und gegenüber den Verwandten haben sie ausschließlich von Müttern und Vätern gesprochen.

Haben sie nach anderen gesucht?

Während ihres ganzen Lebens. Und als sie die Suche irgendwann aufgegeben haben, waren da bloß noch ich und deine Mutter.

Er hielt inne und blieb lange still. Das einzige Geräusch zwischen ihnen war das Knistern des Feuers, vermischt mit dem der brechenden Wellen.

Also suchten wir nicht mehr, sagte er schließlich. Wir trafen die Entscheidung, auf dem Berg zu leben. Und zu warten.

Auf was?

Auf dich.

Sie starrte ebenfalls ins Feuer, als könnte all das, wonach jemand suchen mochte, darin gefunden werden, und fragte: Du sprichst mit ihr, nicht wahr?

Der Mann nickte.

Jeden Tag.

Sie schaute wieder zu ihm auf.

Ich habe dich gehört. Wahrscheinlich denkst du, dass du es nur in Gedanken tust oder dass es zu windig ist und ich es nicht höre. Aber ich kann es hören.

Ich weiß. Da ist so vieles, das ich ihr sagen möchte.

Was sagst du ihr?

Ich erzähle ihr von dir. Fragen, die du stellst, Dinge, die du machst. Wie sehr sie sich freuen würde, bei dir zu sein.

Ich stelle eine Menge Fragen, stimmt's?

Wie gerade eben, gab er zurück, und sie lachte und lenkte den Blick zurück in die Flammen.

Hast du gehofft, sie hier zu finden?

Ich weiß, wo ich sie finde. Ich wollte mich nur wieder erinnern. An eine andere Zeit, die ich mit ihr verbracht habe. An diesem Ort.

Er nahm eine Handvoll Sand und ließ die Körner durch die Finger rieseln.

Sie beobachtete ihn dabei.

Würdest du ihr etwas von mir ausrichten?

Alles, was dir auf dem Herzen liegt.

Sag ihr, dass ich so gerne gelernt habe, all die Dinge zu machen, von denen ich weiß, dass auch sie sie gemacht hat.

Das werde ich, versicherte der Mann.

Als sie morgens erwachte, war der Mann über das Feuer gebeugt und löffelte einen weißen, mit Schmutz und Seegras gesprenkelten Ball aus dem Topf. Sie rieb sich den Schlaf aus den Augen und schaute ihm zu.

Du hättest mich wecken sollen, mahnte sie.

Gestern Abend, nachdem du eingeschlafen bist, habe ich einen Topf zum Kochen aufgesetzt. Im Mondlicht fand ich bei den Felsen eine ganze Menge brauchbares Treibholz. Koste mal. Unsere erste Ladung.

Er hielt die verwundete, noch immer umwickelte Hand nah an seiner Seite. Mit der unversehrten Hand tropfte er eine Prise Salz auf ihre geöffnete Handfläche.

Sie leckte sie ab.

Scharf, sagte sie und spie ein Stück Seegras auf den Boden.

Der Mann lächelte und schüttelte den Kopf.

Das können wir herauspicken, wenn wir nach Hause kommen, erklärte er. Lass uns da drüben zwei weitere Feuer machen. Oberhalb der Gezeitenzone. Dann kannst du etwas frühstücken, und ich lege mich hin.

Nachmittags wachte er auf und erhob sich langsam. Sie saß in der Sonne, bearbeitete eifrig das Glas und schliff die Pfeilspitzen zurecht, aus deren verspiegelten Splittern das Licht aufglitzerte. Sobald sie ihn erblickte, steckte sie die Pfeilspitzen in ihren Köcher. Er hielt nun die Hand immer nahe am Körper, als hätte sie sich von selbst dorthin zurückgezogen, und ging zu den Feuern.

Du hast lange geschlafen, sagte sie.

Ich war müde.

Das Wasser kocht schnell. Bis zum Abend werden wir mehr Salz gewonnen haben.

Ein paar Tage noch, erwiderte er, und wir sollten für eine Weile haben, was wir brauchen.

Sie deutete auf seine Hand und meinte: Lass sie mich anschauen.

Er streckte sie ihr entgegen. Sie entfernte die Blätter und löste den getrockneten Wickel. In der Handfläche zeichneten sich weiterhin Zahnspuren ab, die Haut ringsum war nun violett gefärbt, der Handrücken ein feuriges Rot, durchzogen mit weißen Streifen, die von der Wunde ausgingen.

Es wird schlimmer aussehen, bevor es besser wird, sagte er.

Ich werde dir einen neuen Verband anlegen.

Er nickte. Von wem hast du denn gelernt, jemanden zu verarzten?

Von dir, antwortete sie.

Im Feuerschein aßen beide den letzten Rest des geräucherten Wildfleischs, worauf sie besorgt meinte, es gäbe nicht genügend Nahrung für die Heimreise.

Wir können fischen, bemerkte der Mann.

Jetzt?, fragte sie.

Er beobachtete, wie ein Wellenkamm näher rückte, abfiel und auf dem Strand wieder zurückwich.

Morgen früh. Beim Höchststand der Flut.

Sie fragte, was er mit der Flut und jener erwähnten Gezeitenzone meine, und so erzählte er ihr von der Anziehungskraft des Mondes auf die Erde und dem zweimal täglich erfolgenden Ansteigen und Absinken der Meere, obschon dazwischen eine Zeitspanne namens Stau liege, weshalb sich der Wechsel jeden Tag verschiebe.

Überall?, fragte sie.

Überall dort, wo sich ein Meer befindet.

Sie schaute auf die Brandung.

Warum gibt es keine Gezeiten am See?

Er ist zu klein. Dieses Meer, zu dem wir gekommen sind, bedeckt fast ein Viertel der Erde. Und das ist ein großer Teil. Ich habe nicht alles davon gesehen und weiß nicht, ob das überhaupt möglich ist, aber ich habe darüber gelesen und glaube, es stimmt.

Was bedeckt die übrigen Teile der Erde?

Er raffte sich hoch, und sie sprang auf, um ihn zurückzuhalten, doch er beharrte: Nein, ich möchte dir das zeigen.

Der Mann hob einen Stock auf, zeichnete im flackernden Abglanz der Flammen einen Kreis in den Sand und in das runde Innere ein X. Dann erklärte er: Wenn der Kreis die Erde darstelle, sei nur ein Viertel des X festes Land. Überall, von den Frühlingsbecken auf den Berggipfeln bis hinunter zum Grund der Meere, bedecke das Wasser die restliche Fläche, und das Meiste davon sei Meer.

Dieses hier ist nicht das einzige, sagte sie.

Nein. Als ich ein Junge war, berichtete mir der einzige andere Mann, den ich außer meinem Vater zu Gesicht bekommen habe: Sollte man dreihundert Tage lang in Richtung der untergehenden Sonne gehen, würde man ein noch größeres Meer erreichen als dieses hier. Und es gibt weitere.

Hast du ihm geglaubt?

Er kam aus dem Westen und war auf dem Weg zurück dorthin. Wir haben ihn nie mehr wiedergesehen.

Nun gut, sagte sie. Warum also hat das Meer eine Gezeit, der See aber nicht?

Lass mich dir eine Frage stellen. Was passiert, wenn sich am Boden des Kanus Wasser ansammelt und du es in eine schaukelnde Bewegung versetzt?

Das Wasser schwappt hin und her.

Richtig. Demnach ist das Kanu wie die Erde. Du bist wie der Mond. Und das Wasser im Kanu ist das Wasser im Meer. Das Wasser im See ist nichts als ein Tropfen auf dem Dollbord des Kanus. Allein bewirkt es nur wenig. Aber es hat seinen Anteil am gesamten Wasser im See.

Sie setzte sich.

Das macht der Mond?, fragte sie.

Jeden Tag.

Er überblickte den Strand, den die Wellen so weit oben erreichten, dass dort der vormals trockene und feste Sand nun feucht und weich wurde.

Die Flut nähert sich dem Höchststand, sagte er. Am frühen Morgen wird sie am Tiefpunkt sein, um dann wieder anzusteigen, wenn wir erwachen. Diese hohe Flut werden wir abpassen.

Sie nickte, obwohl ihr noch weitere Fragen auf der Zunge lagen, und schwieg wie ihr Vater, der vor den verlöschenden Glutresten saß. Er starrte darauf, als wären sie winzige Sonnen, die auf einer Welt aus Sand und Wasser untergehen, während allein ihm dieser Augenblick gewährt wurde, sie im Dahinschwinden ihrer Wärme zu sehen.

Er war früh auf, um die Feuer zu überprüfen und eine weitere Portion Salz aus dem Topf zu schöpfen. Sein Nacken schmerzte. Er betrachtete die Hand und drehte sie im dämmernden Licht. Der Handteller war von der Farbe des abendlichen Horizonts, auf der Oberseite trat ein mit Schorf bedeckter Halbkreis hervor, der Eiter absonderte.

Der Mann erhob sich, blickte auf zu der Wolkenformation im Osten und flüsterte: Du kannst mich jetzt nicht von ihr fortnehmen. Sie ist nicht bereit. Noch nicht.

Er umwickelte die Hand mit den letzten Wegerichblättern sowie einem Stück Hirschleder und band den Umschlag mit zwei Schnüren aus Rohhaut fest. Dann ging er hinüber zu seiner Tochter und weckte sie behutsam auf.

Die Flut ist genau richtig, sagte er.

Sie kochte Tee, während er einen Haken und eine Leine aus seinem Rucksack nahm und miteinander verknotete. Anschließend fand er ein armlanges Stück Treibholz und befestigte daran die Leine, der Haken etwa so weit entfernt, wie das Mädchen groß war.

Die beiden gingen hinunter zum Rand des Wassers, worauf der Mann mit der Ferse im feuchten Sand zu graben begann, aus dem kleine Blasen hervorplatzten.

Greif mit deinen Händen in das Loch, als wäre es eine Schale voller Heidelbeeren, und sag mir, was du empfindest, sagte er.

Sie sank auf die Knie, steckte die Hände in den Schlick und zog sie blitzschnell wieder heraus.

Etwas hat mich gebissen!, rief sie.

Nein, hat es nicht. Das ist ein Maulwurfskrebs.

Er wartete auf eine weitere Welle, grub die unversehrte Hand in den feuchten Sand und hielt ein kleines zappelndes Schalentier in der Größe seines Daumens hoch.

Die werden wir als Köder benutzen, erläuterte er.

Sie grub nach einem weiteren, durch beide stieß er einen großen Haken und forderte sie auf, die Schuhe auszuziehen und den einen auf ihre Hand zu legen. Kaum hatte sie das getan, schlang er die halbe Angelleine darum.

Du machst jetzt Folgendes, sagte er. Geh ins Wasser, bis es dir an die Knie reicht, und wirf diesen Stock so weit hinaus in die Wellen, wie du kannst. Dann holst du ihn ein, indem du die Leine um den Schuh in deiner Hand wickelst. Schnell, aber nicht zu schnell. Und achte darauf, dass die Leine an deinem Schuh haften bleibt. Sonst wird sie sich tief in die Haut schneiden.

Ihr erster Wurf war beachtlich, und er kommentierte: Gut so. Probier es jetzt noch einmal und sorge dafür, dass die Krebse lebendig wirken.

Sie unternahm sechs Versuche. Nach dem letzten zog sie das Angelzeug in die Höhe und auf den Strand und ließ es im Sand liegen.

Da draußen gibt es keine Fische, sagte sie.

Da draußen gibt es immer Fische, entgegnete er.

Der Mann nahm den toten Krebs vom Haken und spießte zwei frische darauf.

Nun, fuhr er fort, wenn du die Leine einholst, dann zieh sie zuerst langsam heran, dann schnell, vor und zurück, ungefähr auf diese Weise.

Sie watete ins Wasser und schleuderte Haken, Köder und Leine so weit in die Brandung, wie es ihr möglich war.

Als sie beim zweiten Wurf die Leine gemäß den Anleitungen ihres Vaters handhabte, verspürte sie plötzlich einen heftigen Ruck, und er bemerkte es.

Kräftig ziehen!, schrie er.

Die Leine straffte sich.

Setz den rechten Fuß hinter dich und wickle die Leine um den Schuh. Nur um ihn!

Sie stand da, zog an dem Fisch und schien kleiner zu werden, weil ihr rechter Fuß in den Sand sank. Die Leine zurrte sich immer fester um ihre Hand, und sie begriff, warum der Schuh daran festgebunden war. Nachdem sie einige Aufspulbewegungen gemacht und der Fisch mit klatschendem Geräusch die Wasseroberfläche durchbrochen hatte, rief der Mann ihr zu, die Leine etwas zu lockern, damit der Fisch frei schwimmen könne. Sie merkte, wie er meerwärts tauchte, und befürchtete, ihn zu verlieren, als er plötzlich langsamer wurde. Dann spürte sie gar nichts mehr.

Erneut spulte sie die Leine schnell auf.

Er wird müde, sagte der Mann. Zieh weiter.

Er setzte sich in den Sand.

Zieh weiter, wiederholte er mit einer Stimme, die sie nicht hören konnte. Diesmal hast du gewonnen.

Es bedurfte eines glücklichen Zusammenspiels der Kräfte an diesem Morgen, aber sie brachte den Fang an Land, indem sie vorsichtig die Leine einholte und zugleich langsam rückwärts aus dem Wasser ging, bis ihr ein riesiger, silbern und schwarz gestreifter Fisch vor die Füße fiel und in der Sonne schimmerte. Der Mann näherte sich, hob ihn auf, wobei er mit seinem unversehrten Daumen den Unterkiefer festklemmte, und hob ihn in die Höhe. Sie hatte noch nie einen so großen Fisch gesehen.

Der wird dich mehrere Tage ernähren, sagte er, legte den Fisch wieder ab, zog sein Messer hervor und stieß ihm die Klinge in den Kopf. Noch einmal zuckte sein Schwanz auf, dann ruhte er starr und flach im Sand.

Zwei Tage lang schürten sie ihre Feuer, fischten und schliefen in ihren Decken am Strand unter den Sternen, während der Mann zusehends schwächer wurde, steifer in Nacken und Oberkörper. Am dritten Tag erwachten sie zu zischender Glut und großen Regentropfen, die auf ihre Gesichter prasselten. Sie raffte ihr Bettzeug mitsamt Rucksack zusammen und lief in die Höhle. Er schnürte seinen Rucksack zu und versuchte ihn zu heben, was ihm jedoch misslang. Seine Tochter eilte zurück und nahm ihm das Gepäck ab, als wäre es nicht schwerer als ihr Bogen. Er schien blass und erschöpft. Sie legte ihm die Hand auf die Stirn.

Du glühst, sagte sie.

Er wollte nicken, konnte es aber nicht, und deutete auf die Wassertöpfe.

Kümmer dich nicht darum, erwiderte sie.

Sie legte seine unversehrte Hand um ihre Schulter, und so humpelten beide in die Höhle. Sie bettete ihn auf die übereinandergelegten Decken und rannte zurück zu den Töpfen. Sie schüttete sie aus, wischte Wasser und Regen weg, brach dann einen Stock entzwei, bohrte ihn in die Glut und stocherte die größten Kohlenstücke heraus, die sie finden konnte. Diese beförderte sie in einen der Töpfe, deckte ihn mit einem andern ab und hastete durch den Regenschauer zurück zur Höhle.

Sie grub die Mulde tiefer aus, in der sie am Abend ihrer Ankunft das erste Lagerfeuer entzündet hatte, tat die Kohlen hinein und bedeckte sie mit dem Brennholz, das beide an trockenen Tagen gesammelt und in einer Ecke gelagert hatten. Sie blies in den kleinen Stapel, bis er zu glühen begann und aufflammte, häufte dann allerlei Stöcke und Zweige darauf, die sie hier und da vom Boden auflas.

Ihr Vater ruhte auf den Decken, fröstelte und starrte den ganzen Tag an die Wölbung der Höhle. Von Zeit zu Zeit setzte sie ihn auf, straffte das Bettzeug, so gut es ging, und brachte ihn wieder in Rückenlage. Sie reichte ihm Wasser, und er versuchte zu trinken, konnte es aber nicht, worauf sie die Kürbisflasche wegzog. Sie tupfte ihm mit ihrem Hemdärmel das Gesicht ab und sah zu, wie er in den Schlaf sank, wenn er ihn zu finden vermochte, um bald wieder daraus zu erwachen.

Die blaue Stunde brach an, als sie Hunger verspürte und ihr bewusst wurde, dass seit dem Vorabend keiner von beiden einen Bissen zu sich genommen hatte. In ihrem Rucksack befand sich ein in Salz eingelegter zweiter Fisch, den sie gefangen hatte; also breitete sie am Rand der Feuerstelle Seetang über Kohlen aus, legte den Fisch darauf, dünstete und wendete ihn, bis sich das Fleisch in großen Stücken von den Gräten löste und sie es aus den Flammen klaubte.

Sie fragte ihren Vater, ob er hungrig sei, und er antwortete mit einem kurzen Nicken.

Er setzte sich auf, nahm von ihr etwas Fisch, tat den Happen in den Mund, versuchte zu schlucken und scheiterte erneut. Nun öffnete er den Mund, lehnte sich vornüber, worauf Fisch und Speichel hervorquollen und auf den Boden rannen. Er legte sich wieder hin, die Augen feucht und weit aufgerissen vom Weinen und dem, was er nicht aussprechen konnte – worin sich jedoch, wie sie wusste, die nackte Angst verbarg.

Bis zum Abend waren seine Gliedmaßen steif und von Krämpfen geschüttelt, der Blick reglos auf die Höhlenwand gerichtet, das Gesicht zu einer bizarren Grimasse erstarrt, die im Feuerschein über den Schmerz hinwegtäuschte, den er durchlitt. Ein einziges Geräusch machte er, wenn sein Körper sich im Bemühen, in die aufrechte Position zu gelangen, anspannte und verrenkte: Es kam aus der Gaumengegend und klang zugleich wie ein tiefes Stöhnen und ein spitzer Schrei, zwischen den Zähnen hindurchgepresst. Sobald sie ihn berührte, zuckte er zurück. Also saß sie an seiner Seite und flüsterte ihm besänftigende Worte zu, hielt inne, wenn die Krämpfe einsetzten, und fuhr fort, wenn sie nachließen. Sie erinnerte ihn an die Geschenke, die er ihr jedes Jahr am Vorabend der Sommersonnenwende überreicht hatte, an die Gegenstände, deren Fertigung er sie gelehrt hatte, und an jene, die sie zusammen mit ihm gefertigt hatte. Sie sagte ihm, sie werde seine Geschichten so lange in Erinnerung behalten, wie sie über ein Gedächtnis verfüge. Und sie werde ihn, falls er stürbe, nach Hause zu dem Berg bringen, der allein steht, ihn im Grab neben ihrer Mutter bestatten, bei dem Felsen, der einem Bärenkopf ähnelt, und dort so lange leben, wie die Jahreszeiten es ihr erlaubten. Sie hoffe, diese Zeit sei von Dauer, denn es gebe noch eine weitere Geschichte zu erzählen, deren Ende weder er noch sie je kennen würden.

Mitten in der Nacht schreckte sie aus dem Schlaf hoch. Das Feuer war erloschen, aber noch immer stand der Mond am Himmel, und sie wusste, dass ihr Vater wach war. Sie beugte ihr Gesicht über das seine, fühlte seinen flachen Atem und nahm seine unversehrte Hand in die ihre.

Seine Lippen bewegten sich langsam über die zusammengepressten Zähne, doch sie hörte nicht, was er sagte.

Noch einmal, noch einmal, wiederholte sie und kam mit dem Gesicht so nah an ihn heran, dass seine Lippen über ihr Ohr strichen.

Ich werde dich vermissen, flüsterte er.

Jetzt verstand sie und hielt seine Hand fester.

Ich werde dich auch vermissen, erwiderte sie. Ich werde zu dir sprechen. Wirst du da sein, um zuzuhören, wenn ich dich brauche?

Ja, sagte er.

Mit dem Kopf nah an dem ihres Vaters schlief sie wieder ein und lauschte dabei seinen letzten Atemzügen. Als sie morgens erwachte und die Sonne leuchtend weiß am Horizont aufging, war er tot.

Sie berührte sein Gesicht, seltsam besänftigt nun, nachdem das, was ihn ergriffen hatte, von ihm gewichen war. Mit den Fingern schloss sie seine Lider und zog ihm die Decke über den Kopf.

Schlaf gut, sagte sie.

Der Regen hatte aufgehört. Die Morgenluft war feucht und still. Ohne die Meeresbrise, die sie in Marsch und Hinterland zurückgehalten hatten, begannen die Fliegen auszuschwärmen. Mindestens ein Mondzyklus war auf die Tagundnachtgleiche gefolgt, erkannte sie, und es bedurfte zweier weiterer, bis sie zu Hause sein konnte. Sie wandte sich dem Meer zu und ging aus der Höhle, setzte sich dort in den Sand, wo die Feuer gebrannt hatten, und weinte.

Während dieses ganzen Tages bis zum nächsten rührte sie sich nicht von der Stelle und aß nicht einmal. Wenn sie schlief, dann vornübergebeugt im Sand. Wenn sie erwachte, richtete sie sich auf und nahm wieder die gleiche Position ein. Sie starrte hoch zur Sonne, die über einem neuen Tag aufging, wie sie es am Tag zuvor getan hatte und ebenso am morgigen Tag tun würde. Eine Brise von Westen frischte in der Nacht auf und blies stark genug, um die Gischt von den Brechern zu wehen, als sie am Ufer niederstürzten. Diese Brise trug den Geruch von Waldhumus und Bachwasser herbei. Mit einem Mal wusste sie in ihrem Hunger und in ihrer Trauer, was sie zu tun hatte.

Sie erhob sich und zeichnete einen Kreis mit dem Radius ihres eigenen Körpers in den Sand, schaufelte ihn dann mit bloßen Händen aus bis zu einer Tiefe, die der Länge ihres Unterarms entsprach, und bedeckte den Boden mit den flachesten Steinen, die sie finden konnte. Da das Land noch feucht vom Regen war, holte sie alle in der Höhle verbliebenen Holzscheite herbei und schichtete sie, rechtwinklig angeordnet, in der Grube übereinander. Danach begab sie sich auf die Suche nach weiterem Holz aus dem Wald.

Den ganzen Tag riss sie am Bach entlang Zweige von umgestürzten Bäumen ab und streifte weiter nach Norden, um Treibholz zu sammeln. Bis zum Nachmittag lag ein Stapel Zunder, bestehend aus langen Ästen und Totholz, zum Trocknen in der Sonne, die auf den Strand herabschien. Und als die Sonne hinter der westlichen, über ihr aufragenden Landspitze unterging, errichtete sie den Scheiterhaufen für ihren Vater.

Der Mond würde spät aufgehen, wusste sie, aber es machte ihr nichts aus, kein anderes Licht zu haben außer dem der Flammen. Als Trage diente ihr seine Decke, auf der sie den Leichnam von der Höhle zum Strand zog, bis sie die Grube erreicht hatte. Anschließend nahm sie Mann und Decke in die Arme, hob ihn mit einem lauten Heulen aus Groll und Zorn über ihr Alleinsein in der Welt hoch und legte ihn auf das Dickicht, das sie vorbereitet hatte.

Sie fügte all die übrigen Zedernspäne aus ihrem Rucksack hinzu, die Rindenstücke von dem gesammelten Holz sowie die Landkarten, die der Mann mit sich getragen und unterwegs zurate gezogen hatte. Sie hämmerte ihr Eisen gegen den Feuerstein, bis die Funken sprühten, das Zunderbündel Feuer fing und in einer winzigen Ecke des Scheiterhaufens zu rauchen begann. Geschwächt wie sie durch Hunger und Erschöpfung war, blies sie mit dem Atem, der ihr noch blieb, doch er genügte, um die Flamme emporsteigen, auflodern und sich an der Unterseite des Haufens ausbreiten zu lassen. Sobald er lichterloh brannte, suchte sie ein letztes Mal die Höhle auf, ergriff Bogen und Köcher und lenkte ihre Schritte sofort wieder in die entgegengesetzte Richtung. Der Gluthitze nahend, wich sie vor ihr zurück, hob Bogen und Köcher über den Kopf und schleuderte sie mitten in die Feuersbrunst. Dann sank sie auf die Knie, vergrub ihr Gesicht in den Händen und fiel vornüber in den Sand wie ein alter, sich niederwerfender Pilger, in ihrer Demut nicht fähig oder gewillt mit anzusehen, wie die Flammen höher und höher schlugen, um mit unwiderstehlicher Macht ihren Vater zu verzehren.

Sie saß allein im Kanu und paddelte zum Ufer, wo ihr Vater auf sie wartete. Doch der See dehnte sich so weit aus, dass er endlos schien, während ihr Bug das Wasser durchschnitt, die Zeit sich verlangsamte und die Blätter der Bäume auf der Insel die Farbe wechselten von Grün zu Gelb und Rot. Sie witterte den Duft überreifer Heidelbeeren und wollte die Hände ins kühle Wasser tauchen, sie gegen das Gesicht drücken, aber die Feuchtigkeit, die sie darauf spürte, war warm und zähflüssig und roch nach Fisch.

Mit seiner Schnauze rollte der Bär sie zur Seite und leckte ihr die salzigen Krusten des Schlafs von den Augen. Während sie langsam erwachte, starrte sie auf eine unscharfe, kopfförmige Verfinsterung des Himmels.

Sind wir zu Hause?, fragte sie, zusammengekrümmt und fröstelnd im Sand liegend.

Nein, erwiderte der Bär.

Sie schüttelte sich und versuchte, in einer Bewegung aufzustehen, sank aber gleich wieder zu Boden.

Der Bär trat einen Schritt zurück, und die beiden betrachteten einander aus dem Abstand, der sich zwischen ihnen auftat.

Kannst du ein weiteres Feuer machen?, fragte er.

Sie gab keine Antwort. Sie dachte daran, die Flucht zu ergreifen, seitwärts über den Strand und in Richtung der Felsen davonzurennen. Aber ein Gefühl von Schwäche und von Durst, wie sie es nie zuvor empfunden hatte, setzte ihr heftig zu. Sie konnte sich nicht daran erinnern, wann sie das letzte Mal Nahrung oder Wasser zu sich genommen hatte oder wie lange sie geschlafen hatte. Sie schaute auf den geschwärzten Sand, wo einmal eine Armeslänge von ihr entfernt das Feuer gebrannt hatte, nun jedoch kein Rauch vom Scheiterhaufen aufstieg. Keine Asche glühte. Keine Hitze blieb zurück.

Ein kleineres diesmal, sagte der Bär.

Sie drehte sich um, damit sie das Tier mustern konnte, und erinnerte sich an jenen Bär, allein auf Wanderschaft, den sie und ihr Vater vor Jahren am Seeufer beim Fischfang beobachtet hatten, an sein bläulich schwarzes Fell und den weiß glänzenden Fleck auf der Brust. Dieser hier sah genauso aus. Männliche Bären streifen umher, hatte er gesagt, und es sei am besten, sie in Ruhe zu lassen. Instinktiv wollte sie nach ihrem Bogen greifen, zog aber die Hand zurück, bevor sie auch nur den Sand berührte.

Es gibt nichts mehr zum Verbrennen, sagte sie.

Es gibt immer etwas, das übrig bleibt, entgegnete der Bär, wobei seine Stimme wie das Grollen eines fernen Donners lange nach dem Sturm klang, auf irgendeine Weise sogar noch tiefer, als ob mit dieser Ferne eine gegenwärtig spürbare Traurigkeit aufkäme, die der ihren glich.

Schau dort hinüber.

Sie wandte sich der Landspitze zu und sah auf dem Strand einen Haufen Gestrüpp mit Zweigen.

Den hab ich zusammengetragen, während du geschlafen hast. Wenn wir von hier aufbrechen sollen, musst du etwas essen.

Dank einer Handvoll unreifer Hagebutten, die sie enthaarte und entsamte und zwischen einigen Schlucken Wasser aus dem Bach verzehrte, kam sie wieder etwas zu Kräften. So konnte sie aus getrocknetem Strandhafer und Birkenrinde ein Feuer entzünden und es mit den vom Bär gesammelten Sträuchern und Zweigen nähren. Anschließend rieb sie eine Forelle ab, die er für sie im Waldbach gefangen hatte, und nahm sie aus, um den Fisch über ein paar aus den Flammen gestocherten Kohlen auf grünen Gerten und feuchtem Seetang zu dünsten.

Sie aß mit einem solchen Heißhunger, dass nichts übrig blieb. Als die Forelle nur noch ein Skelett mit ausgesaugten Augen war, hielt sie Ausschau nach mehr Nahrung. Sie bemerkte, dass sie den Bär eine Weile nicht erblickt hatte, und fragte sich, ob er nicht vielleicht irgendeine Einbildung oder Erscheinung war. Das aber würde den Fisch nicht erklären, dachte sie und sah, wie er auf allen vieren über den Strand näher kam, zwei weitere Fische im Maul. Dicht vor ihr ließ er einen in den Sand fallen. Sie beäugte den anderen, der noch feststeckte und den er sogleich in ihre Richtung schleuderte, fast in ihren Schoß. Sie hob ihn hoch, schlitzte ihn mit einer raschen Bewegung ihres Messers auf, zog die Eingeweide heraus und bereitete ihn auf demselben Rost aus grünen Stöcken am Feuer zu wie den ersten.

Abends saßen beide vor einem Lagerfeuer, dessen Flammen aus übereinandergeschichtetem Totholz aufloderten wie ein kleines Leuchtfeuer, das einst Schiffen auf der Suche nach einem sicheren Hafen als Signal gedient haben mochte, nun aber für kein Schiff mehr brannte. Wieder hielt sie Abstand zum Bär und sagte kein Wort, derart groß war ihr Argwohn, ihre Angst, ihre Trauer, was er zu verstehen schien. Mit seinem massigen Körper schlurfte er durch den Sand und erzählte ihr, alle Lebewesen des Waldes hätten den in Flammen aufgegangenen Scheiterhaufen zunächst für ein Wildfeuer gehalten, vom Blitz entfacht im Spätsommer, wie es oft geschehe, und einen sicheren Unterschlupf gesucht, als Asche und Rauch in der Luft lagen. Doch der Adler, der die Geschehnisse mitverfolgen konnte, habe ihm von ihr berichtet, also sei er allein zur Küste gewandert und dort auf sie gestoßen, die fest schlief. Er habe sie früher schon an den Ufern des Sees erspäht und staunend beobachtet, wie sie mit Pfeil und Bogen auf Fischjagd ging. Bei ihrem Anblick hier, verloren wie sie war und ohne Gefährte, habe er mit Bestimmtheit gewusst, dass es seine Aufgabe sei, gemeinsam mit ihr die Rückreise zu dem Berg anzutreten, der allein steht.

Während er zu ihr sprach, blieb sie still und schwieg auch danach noch lange Zeit, bis sie ihn schließlich durch die Flammen ansah und in mürrischem Ton sagte: Er war nicht mein Gefährte. Er war mein Vater.

Ich weiß, erwiderte der Bär. Es tut mir leid.

Und wie kommt es, dass du zu mir sprechen kannst?, fragte sie, wobei gleichzeitig Trauer und Wut in ihrer Stimme mitschwangen.

Es wird eine Zeit und einen Ort geben, um diese Frage zu beantworten. Momentan ist keins von beiden vorhanden. Die Herbst-Tagundnachtgleiche ist bereits vergangen, und wir müssen uns auf den Weg machen, wenn du es vor Wintereinbruch nach Hause schaffen willst.

Ich habe nur einen Tag geschlafen, sagte sie.

Du hast einen Mondzyklus durchgeschlafen, entgegnete der Bär.

Sie beobachtete den Tanz von Schatten und Flammen auf seiner Schnauze, während er sprach, hob die Augen dann zum Nachthimmel, an dem der bald volle Mond gerade den Horizont durchbrach.

Das wird in wenigen Tagen der Erntemond sein, erklärte der Bär. Ich sage dir: Ich befürchte, dass die uns verfügbare Zeit schon überschritten ist, aber wir werden so weit gehen, wie es uns möglich ist, und tun, was wir tun müssen.

Sie blickte wieder auf das Feuer und dann zum Bär.

Warum hast du so lange gewartet, ehe du mich aufgeweckt hast?

Weil Schlaf die einzige Medizin ist, die ich kenne.

Die ganze Nacht lag sie wach auf ihrem Bettzeug, bis sie zur Morgendämmerung in einen Halbschlaf sank, dann mit der Sonne aufwachte, erneut nach ihrem Bogen greifen wollte und nur den Boden der Höhle vorfand. Sie stand auf, entzündete aber kein Feuer, öffnete stattdessen den Rucksack ihres Vaters, der vor so langer Zeit aus Hirschleder gefertigt worden war. Sie entnahm ihm Salz, Messer, Pfannen, Angelleine, Haken und ging hinaus zum Strand, wo der Bär saß und auf den östlichen Horizont starrte. Er drehte sich um und schaute zu, wie sie die Schuhe auszog und, den leeren Rucksack in der Hand, barfuß in den Aschehaufen trat, der zuvor jenes Feuer war, auf das sie ihren Vater gelegt hatte. Er verfolgte, wie sie auf die geschwärzten, nun erkalteten Holzscheite stieg und anfing, einen immer enger werdenden, zur Mitte führenden Kreis abzuschreiten, schließlich innehielt und niederkniete.

Lange verharrte sie in der Position, die Hände an die Seiten gelegt, die Augen zu Boden gerichtet. Dann hob sie den Kopf und entnahm aus Asche und verrußtem Sand die Knochen ihres Vaters, deren Größe und Leichtigkeit sie in

Bann schlugen, während sie jeden einzeln auflas und für einen sehnsüchtigen Moment festhielt, um ihn behutsam auf eine gegerbte Lederhaut zu legen. Arme und Beine. Rücken und Becken. Hals und Schlüsselbein. Sie wischte eine Schicht Holzkohle weg, um den Schädel freizulegen, umfasste dieses Relikt mit ihren Händen, starrte in die leeren Augen- und Nasenhöhlen, auf die Zähne, durch das Feuer in Perlmuttperlen verwandelt, die Oberseite des Kopfes, aufgesprungen und mit Asche verschmiert. Sie drückte ihn an die Brust, wiegte ihn sanft und brach abermals in Tränen aus.

Als ihre Finger, geschwärzt und rissig, all die knochigen Überreste eingesammelt hatten, die sie finden konnte, richtete sie sich auf, klaubte zusammen, was zerstäubt rings um das Skelett verblieben war, und ließ es sacht auf die Knochen rieseln, sodass sie inmitten der Asche von einem weißen Dunstschleier umgeben schien. Dann stieg sie aus der Grube und kehrte zur Höhle zurück. Dort rollte sie das Leder samt den Knochen ein, band es mit zwei Schnüren aus Rohhaut zusammen und verstaute es am Boden ihres Rucksacks. Darauf platzierte sie die Sachen, die ihr Vater bei sich getragen hatte, und einen Beutel mit Salz. Zuoberst legte sie ihr Messer, Kompass, Feuerstein und Schlageisen, Kamm, Glasscherben sowie die übrige Nahrung, die sie auf die Reise mitnehmen würde. Sie hob den Rucksack hoch, schulterte ihn und ging hinunter zum Strand, um dem Bär mitzuteilen, dass es Zeit zum Aufbruch sei.

Sogleich zogen sie los und folgten dem Bach in den Wald, gingen dann anhand des Kompasses in Richtung Nord-Nordwest, zurück durch Hinterlande und dicht bewachsenen Kiefernwald; der Bär bald gleichgültig, bald ehrfurchtsvoll gegenüber dem Wegweiser, den seine Begleiterin benutzte. Er hielt Schritt, ohne sich beirren zu lassen, obwohl ihr das nicht bewusst war. Am ersten Abend kampierten sie auf einer kahlen, felsigen Anhöhe unter dem Mond, der die ferne Küste von hinten beleuchtete und auf die Gebirgsausläufer im Westen schien. Früh am Morgen standen sie auf und setzten ihren Weg fort.

Es war Mittag, die Landschaft gesprenkelt mit Birkengruppen und Ansammlungen von Flachbärlappen, als der Bär sie bat, stehen zu bleiben und ihm zu erklären, was für ein Gegenstand sich da in ihrer Hand befinde. Sie erzählte ihm, der sei ein Geschenk ihres Vaters. Die Nadel zeige immer nach Norden, unabhängig davon, wie oder wo sie ihn halte, und darauf erwiderte der Bär: Dann halte ihn jetzt vor dich. Von hier aus müssen wir nach Norden gehen.

Sie befragte ihn nicht dazu, also wanderten beide den Rest des Tages bis zum Sonnenuntergang rastlos weiter, und legten sich, ohne Feuer zu machen, zur Ruhe in einem Kiefernwald, der sie mit seinem Rauschen die ganze Nacht umflüsterte. Als sie morgens erneut aufbrachen und zum Kamm des höchsten Hügels hinaufstiegen, den sie seit dem

Verlassen der Küste erklommen hatten, fiel ihr auf, dass der Weg, auf den der Bär sie geführt hatte, jenen unheimlichen Ort mit den Mauern umsäumte. Sie überlegte, ob er wusste, was dort geschehen war, oder ob er jene Gebiete instinktiv und natürlicherweise mied, fragte ihn aber nicht danach und schaute von oben nicht zurück, um am Horizont einen Blick auf sie zu erhaschen.

Die folgenden Tage standen im Zeichen warmer Sonne und frischer Brisen in den Wäldern. Jeden Morgen kamen sie im ersten Licht auf die Beine, um Zeit zu gewinnen. Einen Tag marschierten sie gen Norden, am nächsten direkt nach Westen. Sie übernahmen immerzu abwechselnd die Führung und schienen zufrieden über ihr Vorankommen, obwohl ihr Weg eher dem von verlorenen und abergläubischen Wanderern glich, während sie Steilhänge erkletterten und Täler umrundeten – nicht als würden sie gezielt der Wildnis des Geländes folgen, sondern als würde jeden Abend, bevor sie einschliefen, ein Würfel geworfen und der bloße Zufall die Richtung vorgeben, die sie dann in der Morgendämmerung einschlugen.

Sie aßen Forellen, die der Bär in den Sandsteingewässern fing, an denen sie kampierten, Pinienkerne, die das Mädchen wie ein Eichhörnchen aus den Zapfen löste, sowie wilde Wein- und Himbeeren, die sich ihnen in prallen herbstlichen Bündeln darboten und die er in einem Zug von den Ranken und Zweigen aberntete, als wären sie nichts als Luft. Darüber hinaus ernährten sie sich von Königskerzen, Hagebutten und Rohrkolben. An späteren Stationen ihrer Reise sammelten sie Hickorynüsse, Sassafraslorbeer, die Flügelfrüchte von

Ahornbäumen, des Weiteren das Kambium an der Innenseite der Rinde von Birken und Weymouthskiefern, wenn sie tief in die Wälder vordrangen. Offenbar wusste der Bär, wo sich jede Frucht und Wildpflanze, jeder nichttragende Baum auf oder nahe ihrem Weg befand, und darüber war das Mädchen ebenso überrascht, wie es für die Nahrungsquellen des Waldes dankbar war.

Eines Morgens entdeckten sie auf einer Wiese eine Fläche voller Goldrute, blühend in der Farbe der Sonne, worauf der Bär innehielt und zuschaute, wie Bienen von einer Blüte zur nächsten schwebten und dann mit ihrer Ladung Pollen davonflogen. Einer jeden folgte er mit seiner Schnauze und starrte ihnen in der Ferne hinterher, als stimmte es ihn froh, sie einfach nur bei der Arbeit zu beobachten. Schließlich sagte er zu dem Mädchen: Hier entlang.

Von der Wiese schritten sie auf einer geraden Linie in den Wald und kamen zu einem hohen, vom Blitz getroffenen und in der Mitte entzweigespaltenen Ahornbaum. Aus dem Stumpf stiegen Bienen auf, andere kehrten in ihn zurück, ihr leises Summen gerade noch hörbar über dem Boden. Da wurde dem Mädchen klar, hinter was sie beide her waren. Der Bär hatte den kürzesten Weg des Bienenschwarms von den Blüten zurück zum Stock verfolgt, genauso wie der Mann dies in früheren Tagen getan und den Honigbaum aufgespürt hatte. Ohne seine Gangart zu unterbrechen, kletterte er den Stamm hoch, bis er auf einer Höhe war mit dem Spalt, und streckte Tatzen und Gesicht in den Hohlraum. Arbeiterbienen stiebten hervor und hüllten seine Schnauze ein, aber das schien ihn nicht im Geringsten zu stören. Das Mädchen sah von unten zu, wie er sich mit den hinteren Füßen am Stumpf festhielt und mit den anderen beiden im Innern wühlte, um alles zu verspeisen, was in Gestalt von Bienen, Larven und wächsernen Waben am Fell seiner Zehen klebte.

Kaum ein Wort wurde zwischen ihnen gewechselt, während sie Tag für Tag in Richtung der hohen Berge wanderten. Ihre Sprache war die Gleichmäßigkeit des Gangs und das Sammeln von Nahrung.

Es war fast Mittag, als sie eine kleine Gruppe von drei Walnussbäumen auf einem Hügelkamm erreichten, mitten in einem Feld gelegen, wo kein Feld hätte sein sollen. Als der Bär, allein in Richtung der Bäume vorangehend, bemerkte, dass seine Begleiterin nicht bei ihm war, drehte er sich um, sah, dass sie im Dickicht verharrte, und fragte mit seiner donnernden Stimme: Kommst du mit mir?

Sie tat einen Schritt in die Lichtung.

Mein Vater hat mir beigebracht, erst einmal abzuwarten, sobald ich an den Rand eines Feldes gelange, rief sie zurück.

Dein Vater hat dich gut unterrichtet, erwiderte der Bär und trottete weiter den Hügel hinauf.

Sie ließ ihn nicht aus den Augen, trat dann auf Klumpen von Bartgras, das sich in der herbstlichen Kühle kupfern färbte. Nur ein einziges Mal war sie in einem derart offenen Feld gewesen, nämlich als sie und ihr Vater im Herbst ihres zehnten Lebensjahres auf Rotwildjagd gingen. Sie lernte gerade, Fährten zu lesen, und so streiften sie weit entfernt von zu Hause umher, ehe ihnen irgendein Wild zu Gesicht kam. Als es dann geschah, sprang der Bock, den ihr Vater mit Pfeil und Bogen erlegte, aus dem Wald in ein Feld, ähnlich dem jetzt vor ihr liegenden, legte sich im hohen Gras nieder und stand nie mehr auf. Sie hatte zu ihm laufen wollen, aber der Mann hielt sie zurück und sprach von dem Gegensatz zwischen Gejagtem und Jäger, Angst und Seelenruhe, Blindheit und Weitblick. Als er keinerlei Zweifel mehr hegte, dass der Bock ausgeblutet war, schritten sie in dessen Richtung und entdeckten ihn im Gras, weideten ihn aus und trugen ihn nach Hause. Nun dachte sie intensiv an ihren Vater, an sein Vertrauen in ihre Jagdkunst, an seinen Tod, der ihn weder als Jäger noch als Gejagter ereilt hatte, und vermisste ihn mit einer Traurigkeit, die ebenso groß war wie ihre Erschöpfung. Tief atmete sie ein, um sich zu fassen, nahm den herbstlichen Geruch verfallender Blätter wahr und spürte den kühler gewordenen Wind, der das Gras bog und sie damit an den Knien kratzte. Der Winter war nicht mehr fern, und sie hatte Hunger. Sie wusste nicht, was ihren Kummer lindern würde, aber Nahrung würde ihren Hunger stillen. Also hievte sie ihren Rucksack über die Schultern und setzte ihren Weg hügelan fort, um sich dem Bär anzuschließen.

In dem kleinen Hain hingen die Walnüsse in grünen Bündeln von den äußeren Zweigen der Bäume. Auf dem Boden lagen braune, aufgebrochene Hülsen, ihre Frucht geplündert von Vögeln und Eichhörnchen. Der Bär rieb seinen Körper am stattlichsten Stamm, stellte sich auf die Hinterbeine und fing an, den ersten Ast zu schütteln, den er erreichen konnte. Augenblicklich regneten von oben Walnüsse herab. Er ließ sich auf alle viere fallen, trottete zur anderen Seite des Baumes und tat das Gleiche mit einem weiteren Ast. Noch mehr Nüsse schossen wie Hagelkörner im Sturm zur Erde. Dann wanderte er zum nächsten und vollführte wieder seine Bewegung, bis alle drei Bäume auf dem Hügel durchgerüttelt waren.

Ihr musste nicht gesagt werden, was zu tun war. Sie nahm den Wollwickel aus ihrem Rucksack, breitete ihn am Boden aus und sammelte die heruntergefallenen Nüsse ein. Nachdem beide sich satt gegessen und sie ihre geschwärzten Finger im Gras abgewischt hatte, leckte der Bär schließlich seine Tatzen ab und meinte: Da ist ein Apfelbaum. Ich kann ihn riechen.

Sie machten sich auf, stiegen den rückseitigen Hang in der Richtung hinab, wo der Wald wieder begann. An dessen gegenüberliegendem Rand erhob sich, in das Wechselspiel von Sonnenlicht und Schatten getaucht, ein Apfelbaum, weder ausladend noch ganz voll, doch groß genug, um mehr Äpfel zu tragen, als Eichhörnchen und Rehe verzehren konnten. Der Bär näherte sich ihm, stand auf und schüttelte auch diesen Baum, sodass die Früchte zu Boden stürzten und das Mädchen sie auflas. Einige davon aßen sie gleich an der Stelle, wo sie lagen, andere wickelte es ebenfalls ein und verstaute sie in seinem Rucksack. Bis beide fertig waren, hatte die Sonne auf ihrem bogenförmigen Lauf den Mittagspunkt am Himmel schon überschritten, und der Bär reckte Kopf und Körper in die Luft.

Bist du bereit?, fragte er seine Begleiterin.

Sie nickte, und so gingen die zwei in den Wald, als befänden sie sich auf einem Weg, der schon vorgezeichnet war.

Nach Norden hin erhob sich die Gebirgskette schneebedeckt und von Dämmerlicht beschienen, als sie aus dem Wald hervortraten und am Fluss haltmachten. Unterwegs durch das Dickicht hatten sie sein Rauschen schon eine Zeit lang hören können, und nun war das Getöse der Strömung vor ihren Augen so laut, dass sie sich zur ersten Reihe der Bäume zurückzogen, um ihr Lager aufzuschlagen.

Der Bär fischte in einem Strudelbecken am Flussufer und sie entzündete ein Kochfeuer. Nach dem Essen erzählte sie dem Bär im Schein der Flammen, sie und ihr Vater seien, aus den hohen Bergen kommend, an ebendiesem Flussabschnitt entlanggezogen, um ihn von West nach Ost überqueren zu können. Selbst mitten im Sommer habe er sie wegen der starken Strömung an sich festgebunden, was ihr jedoch nicht die Furcht nahm, weggeschwemmt zu werden. Der Bär bestätigte, es handle sich tatsächlich um einen reißenden Fluss, und er habe gesehen, wie ein Jungtier, das nah der Stelle, an der sie jetzt saßen, hineingewatet und ertrunken sei. Auch sie würden in die vor ihnen liegenden Berge steigen, fuhr er fort, aber die hohen Gipfel seien noch weit entfernt, zu weit, um sie in ihrem Tempo vor Wintereinbruch zu erreichen. Morgen würden sie genau nach Norden wandern und, falls es nicht schneie, in einigen Tagen zu einer Höhle gelangen, in der sie beide Unterschlupf finden könnten.

Also werde ich es nicht nach Hause schaffen, erwiderte sie, nicht in fragendem, sondern in einem nüchternen, ja gleichgültigen Ton, den sie dem Bär gegenüber anschlug.

Nicht vor der Sonnenwende, sagte er zu ihr. Nicht mit diesem Fluss vor uns und dieser großen Kälte in der Luft.

Wir können dem Fluss folgen, bis wir zu den verschneiten Gebieten vorstoßen, dann nehme ich die Überquerung auf eigene Faust in Angriff, warf sie ein.

Eine Überquerung jetzt, wo sie vorher schon unmöglich war?, fragte der Bär und deutete mit der Schnauze zu der fernen Gebirgskette, in deren Alpenglühen sich die untergehende Sonne spiegelte.

Immerhin, ein Anfang ist gemacht, ergänzte er. Wir werden so lange hinaufsteigen, bis wir auf die Baumgrenze stoßen. Und dann müssen wir beide die nötigen Vorkehrungen treffen.

Der Abend war kälter als der vorherige, und sie ließ das Feuer auflodern mit reichlich Totholz, das überall verstreut umherlag. Da der Fluss nur einen Steinwurf entfernt war von dem Buchenbestand, in dem beide saßen, klang die tosende Strömung in ihren Ohren wie ein vielstimmiger Chor, wie sie ihn in dieser Fülle noch nie vernommen hatte. So fragte sie den Bär erneut, wie es möglich sei, dass er sprechen könne.

Er änderte die Körperhaltung, stieß einen Seufzer aus und blieb eine Weile still. Als er endlich das Wort ergriff, sagte er, vor langer Zeit hätten sämtliche Tiere gewusst, wie man jene Laute hervorbringt, die sie und ihr Vater untereinander austauschten. Doch die anderen ihrer Art hätten irgendwann nicht mehr hingehört, deshalb sei den Tieren diese Fähigkeit allmählich abhandengekommen. Was ihn betreffe, so habe er sie von seiner Mutter gelernt, die sie wiederum von ihrer Mutter gelernt habe. Nicht alle Tiere verfügten über die stimmliche Bandbreite, die hörbar sei, aber alle Lebewesen bedienten sich der Sprache, weshalb die eigentliche Frage vielleicht darin liege, wie sie ihn verstehen könne.

Sie nippte an ihrer Zinntasse mit Kiefernnadeltee, dachte über die Frage nach und äußerte dann, es fiele ihr schwer zu glauben, dass alle Lebewesen der Sprache bedürfen.

Glaube es, sagte der Bär. Ob du sie hörst oder nicht, sie brauchen die Sprache wie die Luft zum Atmen.

Bei der Feuerstelle hatte sie einen Sitzplatz gefunden inmitten eines alten, knorrigen Wurzelgeflechts, das aus dem Boden wuchs wie eine runzelige Hand. Sie betrachtete es, strich mit den eigenen Händen darüber, während sie tiefer in Gedanken versank und untersuchte, wie die Buchenwurzeln eine Reihe von Knöcheln und Fingern formten, die sich aus dem dicken silbrigen Stamm verzweigten und in der Erde verschwanden.

Was ist mit den Bäumen?, fragte sie.

Die Bäume ebenso, entgegnete der Bär, und spähte hinauf ins Dunkel zu den Zweigen derselben Buche. Seit Anbeginn sind die Bäume die großen und wahren Hüter des Waldes. Vor langer Zeit meinten einige Tiere, die Bäume selbst hätten ihnen das Sprechen beigebracht, denn sie machten nie ein unnötiges Geräusch. Wie der Atem trägt jedes Wort etwas Gutes mit sich, einen Zweck. Ebendarum sind die Bäume die weisesten und mitfühlendsten Geschöpfe in den Wäldern. Sie werden keinerlei Mühe scheuen, für jeden und alles unter ihnen zu sorgen, wenn dies in ihrer Macht steht.

Nun hatte sich ihr Zweifel in Staunen gewandelt, und sie lehnte sich im Feuerschein nach vorn, um den Bär zu fragen: Wie klingen sie, wenn sie sprechen? Doch nicht wie raschelndes Laub, oder?

Auch er überlegte einen Moment und sagte: Geh hinunter zum Flussufer. Dort liegt ein Stein, der von den Fluten so lange umspült wurde, dass sich auf seiner stromabwärts gelegenen Seite ein tiefes Sprudelbecken gebildet hat. Dort konnte ich meine Fische fangen. Geh und lausche.

Sie stand auf, entfernte sich von Bär und Buche, ging am Ufer entlang bis zu der Stelle, wo sie den Stein entdeckte sowie die Vertiefung, und neigte ihr Ohr dem Wasser zu, das rings um ihn verhalten sprudelte. Sie hörte ein Gurgeln und zugleich ein Zischen, langsamer im Rhythmus als der vorbeistürzende Fluss, denn das Wasser schien hier in einen Sog zu geraten. Sie streckte die Hand in die Strömung, wie um das Geräusch zu berühren, zog sie dann heraus, kehrte zum Bär zurück und nahm wieder Platz.

Er wusste, was sie gehört, aber auch, was sie überhört hatte, und während sie nun still dasaß, erklärte er ihr, die Stimmen der Bäume seien die Stimme des Waldes, und wenn sie sprächen, dann mit einer solchen Gleichgültigkeit gegenüber der Zeit, dass es mehrere Mondphasen dauern würde, bis das Mädchen eines ihrer Gespräche, ja auch nur ein einziges Wort davon hören könnte. Doch für die Bäume unterscheide es sich nicht von jeder anderen Geschichte, die nachts an einem Feuer erzählt wird, noch von dem in einem Moment oder während einer Lebenszeit gesprochenen Wort.

Hast du nie das Gefühl empfunden, als wären die Bäume nah deinem Haus auf dem Berg auf irgendeine Weise Gefährten für dich und deinen Vater?, fragte der Bär.

Doch, erwiderte sie und sann über ihre früheren Jahre nach, als sie allein im Wald auf einer Moosdecke saß und dem Wind lauschte. Manchmal glaubte sie eine Stimme zu hören, die nicht die des Windes war, eine Stimme so alt und langsam und zart wie Wasser, das sich um einen Stein kräuselt.

Das waren die Bäume, erläuterte der Bär, Gefährten für uns alle, die nichts vergessen von dem, was unter ihnen im Wald geschieht, und deren Gedächtnis zahllose Jahreszeiten umfasst. Denn jeder von ihnen birgt in sich die Erinnerung an jedes Lebewesen, das ihn berührt oder den Schatten durchquert hat, den Stamm, Äste, Zweige und Blätter spenden. An jedes Lebewesen, das je auf Erden gewandelt ist.

Er schaute ins Feuer und fuhr fort: Was ist mit dem Holz, das du verbrennst, um dein Essen zu kochen und dich warmzuhalten? Der aufsteigende Rauch war einst eine Erinnerung. Die Asche all das, was übrig bleibt von der Geschichte, zu der sie gehörte. Warum würdest du sonst die Asche deines Vaters bei dir tragen?

Lange verharrten die beiden schweigend, bis sie schließlich ihre Hand auf den Rucksack legte, der stets an ihrer Seite war, und sagte: Demnach werden sie sich an uns erinnern, nicht wahr?

So lange sie im Wald stehen. Dessen bin ich mir gewiss.

An diesem Abend sprachen sie kein Wort mehr. Sie nährte das Feuer mit dem wenigen Holz, das noch übrig war, und wickelte sich in ihre Wolldecke, denn der klare Himmel ließ sie spüren, dass diese Nacht den Frost bringen würde. Als sie ausgestreckt zu ihm aufblickte und merkte, wie die Wärme zwischen Feuer und Wald zu schwinden begann, raffte sie die Decke zusammen und durchquerte das schwache Licht erlöschender Glut, um sich erstmals seit dem Aufbruch zu ihrer Reise nah an den warmen Bauch des schlafenden Bären zu legen.

Nun stiegen sie einen schmalen Pfad hinauf, insoweit er sich überhaupt abzeichnete, hintereinander in einer Reihe, die sich bald zusammenzog, bald ausdehnte, wenn der Bär dem Duft spätherbstlicher Beeren folgte oder das Mädchen mit seinem Messer einem einsamen Eichhörnchen nachstellte, das unter dem Laubfall nach Eicheln suchte. Dann wurde der Pfad breiter, und die zwei rückten wieder enger zusammen, gingen nebeneinander, entlang eines Wasserlaufs, der seinen Weg zu dem Fluss fand, den sie in der Ebene hinter sich gelassen hatten.

Der Bär hatte nichts weiter im Sinn, als sich die Zeit zu vertreiben, als er seine Begleiterin bat, mehr über ihren Vater zu erzählen. So sprach sie von dessen Fertigkeiten als Bogenmacher, von der Schönheit und Gleichmäßigkeit des Bogens aus Hickoryholz, mit dem sie ihn bei der Jagd beobachtet hatte, von den Pfeilen, die er aus Birkenzweigen herstellte und die ihr Ziel nie verfehlten, mit Spitzen so scharf, dass sie direkt ins Blut trafen, ohne je mit Schmutz in Berührung gekommen zu sein. Und von dem Bogen, den er zusammen mit ihr baute, dem Tag, als er ihr die Bohlen auf dem Dach zeigte, aus denen er ihn formte, dem Schnitzen, Hobeln und Zurechtbiegen, der von ihm aufgewandten Sorgfalt, um einen einzigartigen Gegenstand zu schaffen, der ihr lange treu bliebe, um sie zu ernähren und zu beschützen. Obwohl ihr der Schutz im Wald nie nötig schien, bis beide schließlich an jenen Ort mit den Mauern gelangten. Sie hatte den Bogen zusammen mit dem Leichnam ihres Vaters auf dem Scheiterhaufen verbrannt, weil sie derart blind war vor Trauer und Zorn darüber, das Tier, das ihn tötete, nicht zuerst getötet zu haben. Sie glaubte nicht mehr zu verdienen, was ihr zuteilgeworden war, und so sollte der Bogen zu seinem Schöpfer zurückkehren und ihr keine andere Wahl mehr bleiben, als sich allein durchzuschlagen oder zu sterben, falls es dazu kommen sollte.

Der Bär lauschte still, während sie dahinwanderten. Er lauschte den Worten, die als Lob auf einen Macher begannen, sich dann in Rauch verwandelten, der aufstieg und verflog, als würde er freigesetzt aus einem Weihrauchgefäß, nachdem die Anbetenden, die es in ferner Zeit schwangen, selbst zu Geistern geworden waren. Als das Mädchen seine Schilderung beendet hatte und allein die Geräusche ihrer Schritte das Schweigen ausfüllten, sagte der Bär: Du sprichst, als wären sie verschwunden, doch trägst du beide, deinen Vater und den Bogen, nach wie vor mit dir, so wie du es tun sollst. Schau dich nur einmal um. Auf eigene Faust kannst du erneut gestalten, was immer du zum Überleben brauchst. Darum hat er sich vorsorglich schon vor langer Zeit gekümmert.

Das Mädchen sagte nichts, nickte bloß, um den Ausführungen des Bären zuzustimmen, und stieg weiter aufwärts am Bach entlang, dessen sprudelnde Wasser schneller und in schmalerer Bahn den Berg hinunterflossen.

In der Abenddämmerung erreichten sie eine Felsenhöhle, wo der Bach ungestüm und lautstark durch gekrümmte Baumwurzeln und über die Steine eines breiten Wasserfalls stürzte, der sich tief hinab in ein Becken ergoss. Sie aßen

Bachforellen, die das Mädchen mit dem Angelzeug aus dem Rucksack seines Vaters gefangen hatte, die jedoch so klein waren, dass der Haken sie kaum zu fassen bekam, weshalb es nur mit Glück zwei davon an Land ziehen konnte. Nach dem spärlichen Mahl begab sich der Bär auf die Suche nach Ameisen und Raupen, um sie von der verfaulten Unterseite feuchter, umgewehter Baumstämme abzukratzen, die entlang dem steilen Ufer verstreut lagen, während das Mädchen vor dem Feuer sitzen blieb.

Nach seiner Rückkehr nahm der Bär ihm gegenüber Platz und schien im Schimmer der Flammen den Oberkörper zu wiegen. Er meinte, das Bedürfnis zu schlafen überwiege allmählich das Bedürfnis zu essen, und sogar seine Stimme klang jetzt tiefer und ferner. Von der ihm bekannten Höhle trenne sie noch etwa ein Tagesmarsch durchs Gebirge, fuhr er fort. Die Höhle habe ihre Vorzüge und werde dem Mädchen im Winter nützlich sein, aber es solle wissen, dass der Tag nahe, da es wieder auf sich allein gestellt sei.

Er fügte dem nichts hinzu, und so saßen beide in ihrer stummen Kameradschaft um das Feuer und spürten seine Wärme. Über ihnen huschten die Wolken davon und offenbarten die Sterne eines kalten und mondlosen Nachthimmels. Aber der Blick des Mädchens blieb auf das Bullern des von ihm entfachten Feuers gerichtet, das die Nacht überdauern sollte, und es war froh um die Hitze auf dem Gesicht.

Aus der Tiefe der Schatten fragte der Bär: Du vermisst ihn, nicht wahr?

Als das Mädchen keine Antwort gab, ging er in die Hocke und bewegte sich im Feuerschein wieder hin und her.

Nicht nur die Geschehnisse, von denen du berichtet hast, werden dich an ihn erinnern, sagte er. Und du wirst den Verlust fühlen wie Kälte, die heranrückt und sich um dich schließt. Ich weiß.

Nichts weißt du!, erwiderte das Mädchen abrupt mit lauter Stimme. Jeden Morgen beim Erwachen warte ich darauf, ihn zu sehen. Jedes Mal, wenn wir um eine Ecke biegen. Jeder knackende Zweig in diesem Wald ist einer, den er direkt vor mir bricht. Und am Abend sehe ich aus dem Augenwinkel eine Gestalt, doch sobald ich hinschaue, ist es nur ein Schattenspiel der Flammen oder des Mondlichts. Und ich wünschte, es wäre anders.

Ich weiß, wiederholte der Bär.

Du weißt es nicht!, rief das Mädchen.

Er neigte den Kopf nach hinten, deutete auf einen Sternhaufen tief am Himmel und sagte mit der gleichen sonoren, rollenden Stimme: Schau. Das ist meine Vorfahrin. Die Große Bärin. Siehst du sie? Meine Mutter brachte mir bei, wie man sie findet und als Führerin benutzt.

Ich sehe sie, bestätigte das Mädchen. Mein Vater lehrte mich, dem Großen Wagen zu folgen, der zum Nordstern zeigt, genauso wie die Nadel im Kompass, den er mir geschenkt hat.

Ja, sagte der Bär. Aber schau in die andere Richtung, und du siehst nicht nur ihren Schwanz, sondern den ganzen Körper, verlassen dort im Wald des Himmels.

Mit ausgestreckter Tatze zog er eine Linie bis zur linken Ecke des Himmels, als würde er durch diese Zeichnung das Sternbild selbst ins Dasein rufen.

Egal, wie weit ich durch die Wälder oder in meinem Schlaf umherschweife – ich hebe die Augen und empfange von ihm da oben meine Orientierung, genau so, wie ich es gelernt habe.

Das Feuer knackte, orange und blau färbten sich die Flammen, die um die Holzscheite zuckten wie Ameisen, denen der Bär nachspürte.

Darum bist du allein, sagte das Mädchen.

Bis zu diesem Herbst ja, erwiderte der Bär. Jetzt wandere ich mit dir. Aber ich vermisse, die ich einst berühren konnte – das bleibt niemandem erspart, während wir gleich welchen Wald durchqueren, in dem wir großgezogen wurden und unterwegs sind. Das heißt nicht, dass dein Vater verloren oder für immer verschwunden wäre. Denn obwohl er nicht mehr neben dir geht, lebt er doch weiter in der Zeit und dem Raum der Erinnerung, und dort wird er wieder und wieder erscheinen, so oft du nach ihm suchst. Nicht nur an den Stellen, wo er sich früher aufgehalten hat, sondern an jenen, wo er damals nicht sein konnte, nun jedoch sein wird. Im schräg einfallenden Licht oder an einem Seeufer. In der Stille zwischen Schritten entlang eines Weges. Im Duft von Holzrauch aus einem Feuer, um das du allein sitzen wirst. Hast du nicht manches über deine Mutter erfahren in den Geschichten, die dein Vater dir erzählte? Über die Orte, an die sie sich begeben, die Aufgaben, die sie erlernt hat und von denen sie wusste, dass ihre Mutter sie zu meistern verstand?

Doch, bestätigte das Mädchen.

Genau das habe ich dir nahezubringen versucht. Auch dein Vater wusste es. Nicht begreifen konnte er, dass du nie wusstest, wie es ist, deine Mutter in der Weise zu vermissen, wie er sie vermisst hat. Jetzt weißt du es. Es war einmal eine Zeit, da für viele deiner Art der Verlust die einzige Konstante war, die sie kannten. Nun aber ist es nicht weniger schwierig oder konstant, dass nur noch du sie kennst. Und nicht anders wird es an dem Tag sein, wenn allein die Erde dich vermisst, obwohl sie Generationen meiner eigenen Kinder sehen wird, die geboren und auf Wanderschaft geschickt werden, ehe du aufhörst, dich mit der Sonne zu erheben.

Früh wachten sie auf, schüttelten die Kälte ab und machten sich bereit zum Aufbruch. Das Mädchen leerte das restliche Wasser aus seiner Kürbisflasche. Der Bär leckte am Tau auf dem Boden, indem er den Kopf auf und ab bewegte, als würde er langsam und feierlich nicken. Anschließend packte das Mädchen seine Sachen zusammen, und die beiden zogen in exakt nördlicher Richtung los, bis der Bach zu einem Rinnsal aus Grundwasser wurde, dann überhaupt nicht mehr floss, sich vielmehr in Fels und Moos und bröckelnde Erde zurückzog, der er entsprungen war.

Zwei weitere Tage wanderten sie an dieser Bergflanke entlang, rasteten nur, um zu schlafen und Kambium zu sammeln aus der inneren Rinde weißer Birken sowie die roten Steinfrüchte eines Essigbaums, von deren Bündeln sie unterwegs aßen. Als sie am zweiten Tag nach langem Aufstieg die Baumgrenze erreichten und das Licht im Osten schon erloschen war, bog der Bär ab, um einen steilen Pfad einzuschlagen, der über kreuz und quer liegende Steine aufwärts führte. Er nahm jeden im Sprung, ungeachtet der Flechtenansammlungen und des Neuschnees auf der Oberfläche, während seine Begleiterin nur mühsam mit ihm Schritt hielt, ohne zu stürzen. Als die letzten Sonnenstrahlen im Westen versanken, war sie sich sicher, im

Dunkel kein Stück mehr weitergehen zu können. Plötzlich machte der Bär auf einer dicht mit Gestrüpp bewachsenen Felsplatte halt, drängte dann voran, sodass es aussah, als hätte er eine Steinwand durchquert und wäre im Berg selbst verschwunden. Die breite Spalte schien nichts als der Schatten von Fels auf Fels zu sein, neben dem zwei verkümmerte Weißzedern wuchsen, winzige Wächter, die eine Festung schützten. Sie stand auf dem Gesims und hätte fast gerufen, er solle zurückkommen, als er aus der Spalte trat und mit einer Kopfbewegung das Zeichen gab, ihm zu folgen. So schlüpfte sie hindurch und in den Berg hinein.

Die Höhle war innen hoch genug, dass sie aufrecht stehen und noch die Hand zwischen Decke und Kopf schieben konnte. Es roch nach modrigem Stroh und der Feuchtigkeit eines Gemüsekellers. Sie ließ ihren Augen Zeit, sich an die Dunkelheit zu gewöhnen, und fing an, getrocknete Kiefernzweige, Blätter sowie braune Zedernäste aus den Ecken zu sammeln, um beim Eingang ein Feuer zu entzünden. Der Bär meinte, sie werde Mühe haben, es lange in Gang zu halten, denn in dieser Höhe sei nicht genügend Laubholz vorhanden. Dennoch ging sie nach draußen, suchte zusammen, was sich zum Verbrennen eignete, und kam zurück mit abgefallenen Ästen von Weißbirke, Zeder und Ahorn, die sie auf den Zunder schichtete. Das Feuer rauchte mehr, als dass es brannte, während der Zedernharz zischte und plauzte, doch es spendete Licht, und sie konnte sehen, dass die Höhle im Lauf der Jahre sehr wohl von allerlei Tieren genutzt worden war, die sie als zweckmäßige Bleibe empfunden haben mochten. Mäuse und Rothörnchen hatten Eicheln angehäuft, Schlangen ihre Häute abgestreift, Fledermäuse ihren schwarzen, nun vertrockneten Guano auf dem Boden hinterlassen. Eine Zwischenstation unter vielen, an der jedes Wesen, das eingetreten war, sich am Morgen erheben würde, um von hier aus weiterzuziehen.

Der Bär schien den Zustand der Höhle weder zu bemerken noch wichtig zu nehmen. Mit bedächtigen Schritten umkreiste er das innere Heiligtum, als hätte er etwas verloren und würde danach suchen. Anschließend legte er sich vor der hinteren Wand nieder und fragte sie mit schleppender, bebender Stimme: Was macht dein Feuer?

Ich habe schon wärmere angesteckt, antwortete sie.

Schnee und Kälte sind im Anzug, murmelte der Bär und gab ein Geräusch von sich, das wie Schnüffeln klang. Denk ans Feuer.

Ich halte es in Gang.

Bis zum Frühjahr. Geh nicht fort von mir, flüsterte er, als wäre jedes Wort ein stockender Atem, eine flehentliche Bitte.

Tu's nicht, beharrte er und schlief ein.

Sie unterhielt ihr Feuer, bis es fast heruntergebrannt war, sagte in Richtung des Bären, sie gehe jetzt nach draußen, um nach weiterem Holz zu suchen, die Glut am Eingang werde ihr dann als Licht für die Rückkehr dienen. Sie zog die Wolldecke fest um ihren Körper und schritt ins Dunkel hinaus, entdeckte unweit der Höhle eine tote Weymouthskiefer, stieß sie um und schleifte sie zurück. Drinnen legte sie jeweils ein Stück vom Stamm auf die Flammen und schlief dann ebenfalls ein, gehüllt in die Wolldecke – den Gegenstand, der sich am ehesten nach einer heimischen Feuerstelle anfühlte, seitdem sie das Haus bei dem Berg, der allein steht, verlassen hatte.

Frierend wachte sie auf. Nachdem in der Nacht eine Wolkenfront vorbeigezogen war, hatte der Himmel aufgeklart, und die Luft war eisig und still. Sie stampfte mit den Füßen auf, um sich zu wärmen, platzierte ein paar getrocknete Blätter auf Kohlen, die sie nachts aufgehäuft hatte, und blies auf sie, bis aus dem Zunder eine Flamme emporstieg. Es kam ihr seltsam vor, dass der Bär nicht vor ihr aufgestanden war. Als ein Stapel Kleinholz gut brannte, ging sie in den hinteren Teil der Höhle und versuchte ihn zu wecken.

Sie näherte sich langsam, doch als sie seine Schulter berührte und ihm etwas zuflüsterte, schlief der Bär weiter.

Sie trat zurück und betrachtete die schwarze, zu einer Kugel zusammengerollte Körpermasse, die sich im matten Feuerschein hob und senkte. Dann kniete sie sich hin, um sein Gesicht zu studieren. Der Kopf lag verborgen zwischen den Vorderpfoten, die auf dem Steinboden ruhten und nach unten ausgestreckt waren, um die Hinterfüße zu berühren, was den Eindruck erweckte, als hätte sich die Schlinge einer äußerst merkwürdigen Falle zugezogen. Sie lauschte seinem Atem, der sanft röchelnd ein- und ausströmte, und wusste, dass der Bär weiterschliefe, selbst wenn sie aufstehen und aus vollen Lungen schreien würde. Sie war jetzt allein.

Sie kochte Sassafrastee, kümmerte sich um das Feuer und schaute hinaus auf den Wald ringsum, einen Schneeflecken, Steine und gefallenes Laub. Strauchkiefer und Weißzeder wuchsen aus breiten Rissen in der Gebirgswand. In der Ferne, unterhalb der Baumgrenze, erhoben sich Buchen, Ahornbäume und ein paar Birkenbestände. Eine Zeit lang würde sie sich von Nüssen, Flügelfrüchten und der inneren Rinde von Birke und Kiefer ernähren können. Einen halben Tagesmarsch bergab hatte sie die Nüsse eines Hickorybaums aufgelesen und wusste, dass noch einige von den Zweigen und dem Waldboden einzusammeln waren. Doch damit käme sie nicht durch den Winter.

Den ganzen Tag über trug sie Brennholz zusammen, suchte nach Pinienkernen und Rinde und entdeckte eine Sickerstelle am Felsen, wo sie ihre Kürbisflasche mit Wasser füllte. Gegen Abend war die Sonne hinter einer scharf konturierten Wolkenbank versunken, die Luft geschwängert von schwerem, feuchtkaltem Geruch, der, wie sie ahnte, einen Sturm ankündigte. Um ihre Feuerstelle errichtete sie eine Wand aus Steinen, um den Wind abzuwehren und die Hitze ins Innere der Höhle zu lenken. Sie rückte die Kohlen näher zur Mitte und legte zwei große Scheite darauf. Nachdem sie ein wenig von der gefundenen Nahrung zu sich genommen hatte, überkam sie, eingewickelt in ihre Wolldecke, der Schlaf, während der Wind den Berg heftiger umwehte, sich zu einem immer lauteren Heulen steigerte.

Der Sturm setzte vor der Dämmerung ein. Am Eingang der Höhle wirbelten Schneeflocken umher, hinter deren dichtem Schleier der Wald unsichtbar wurde, abgesehen von den schwarzen Baumlinien, die je nach Heftigkeit der Wehen verschwanden und wieder auftauchten. Er dauerte den ganzen Tag an und setzte sich bis in den nächsten fort.

Als dann morgens der Schneefall endlich nachließ und die Winde abflauten, hatte das Mädchen die kargen Essensrationen aufgebraucht und ging nach draußen, um sich erneut auf Nahrungssuche zu begeben.

Nun schien die Sonne zwischen den aufbrechenden Wolken hindurch, die schnell über den Himmel schwebten. Schnee fiel in Klumpen von Ästen herab, an deren Zweige sich noch immer Blätter klammerten. Es kam ihr mühsam vor, Verwehungen ohne Schneeschuhe zu durchqueren, aber mehrere kleine, im Gelände umherstreifende Tiere hatten Fährten hinterlassen – Kaninchen auf der Suche nach irgendwelchen Schösslingen, Eichhörnchen nach dem Versteck mit Eicheln, die vor dem Sturm vergraben worden waren –, also wagte auch sie sich weiter den Berg hinunter. In einer Gruppe von Birken schabte sie eine Messerlänge innere Rinde ab und überlegte, bis zum Hickorybaum vorzudringen, doch schon der Gang auf solch kurze Distanz hatte sie an den Rand der Erschöpfung gebracht. Unter einer Weymouthskiefer hielt sie inne, sammelte Nadeln und wühlte unter dem Schnee nach Zapfen. Sie fand drei und kehrte zur Höhle zurück.

Bis zum Abend war auch diese Nahrung aufgebraucht. Sie saß vor dem Feuer, klaubte eine dürre Nuss aus dem letzten der Zapfen und warf die Schuppen in die Glut. Für einen Moment loderten sie auf und verlöschten. Draußen blies der Wind über den Berg, stieß dabei einen Ruf aus, der sie an Seetaucher erinnerte. Sie stand auf, legte das letzte Stück der toten Zeder in die zuckende Flamme, wohl wissend, dass es lange vor Tagesanbruch heruntergebrannt wäre, und spürte das Nagen des Hungers.

Wenn du in Nächten wie diesen zu ihr gesprochen hast, fragte sie, zwischen den Steinen der Feuerstelle und der Höhlenwand am Eingang in ihr Lager aus Wolldecke und Tierhäuten geschmiegt, was hat sie dir dann erwidert?

Der Sturm war für die Jahreszeit früh gekommen, das wusste sie. Im Verlauf ihrer Reise mit dem Bär hatte sie grobe Messungen durchgeführt und daraus geschlossen, dass die Sonne noch nicht das Wintersolstitium überschritten hatte, denn die Schatten ihres Körpers verlängerten sich weiterhin über den Boden. Die Tiere waren vom Wettersturz ebenfalls überrumpelt worden. Deshalb hatte sie die Fährten entdeckt. Jedenfalls war die Kälte vorzeitig mit dem Schnee eingekehrt. Während sie am Morgen mühevoll das Feuer wiederzubeleben versuchte, kreisten ihre Gedanken um Sonne und Schatten, die sich über die Oberfläche des Mittagsweisers auf dem Findling am See bewegten, um Zweige, die sich im Wind bogen, um Kaninchen, wenn sie abends vorsichtig aus den Wäldern hoppelten mit dem Ziel, vom hohen Gras am Ufer zu fressen. Dann waren die Kaninchen verschwunden, und ihr Vater sagte, dass jene, die die Falken nicht aufgespürt hatten, jetzt mitsamt den Hasen schwerer zu jagen seien. Schnee im Spätherbst, das hieß, auch keine Fische mehr in der Reuse. Wir werden warten müssen, fuhr er fort, bis das Eis dick ist, ehe wir sie fangen können, und meinte damit Kaninchen, Hasen und Fische. Sie erinnerte sich daran, dass er ihr damals im Herbst beibrachte, wie man eine Schlingenfalle baut, und an die Wärme des Ofens in dem kleinen Haus, erfüllt vom Duft bratenden Wildbrets.

Sie stand auf, nahm ein Stück Holzkohle aus dem Feuer und fing an, Markierungen auf die Höhlenwand zu zeichnen. Wie viel Zeit war seit dem abnehmenden Mond vergangen? Welche Länge hatte ihr Schatten, als sie das letzte Mal mittags zum Himmel hochblickte? Allein zwei Dinge erforderten ihre Aufmerksamkeit: Nahrungsbeschaffung und Heimkehr. Sämtliche Materialien, die sie für eine Schlingenfalle benötigte, befanden sich in ihrem Rucksack und draußen in den Wäldern: Stöcke, Seil und Messer. Wenn die Kaninchen vor Wintereinbruch nach Futter suchten, konnte sie diese in eine Falle locken. Und falls die Tage derart kalt blieben, konnte der Fluss, an dem sie und ihr Vater während einer fast ganzen Vollmondphase nach Norden entlanggewandert waren, um ihn zu überqueren, jetzt übers Eis passiert werden, ohne in die hohen Berge steigen zu müssen. Von diesem Punkt tief im Süden wäre es eine kürzere Heimreise, die ihr bis zur Sonnenwende gelingen mochte.

Sie verließ die erkaltete Feuerstelle und nahm alles aus ihrem Rucksack, außer den eingewickelten, fest verschnürten Knochen und Ascheresten. Dann legte sie die Handfläche auf das Hirschleder, ohne das sie ihren Vater nie vor sich gesehen hatte, und sagte: Ich werde nicht haltmachen, ehe ich dich neben ihr begrabe. Das verspreche ich.

Jenen Tag verbrachte sie ausschließlich mit Vorbereitungen für den nächsten, an dem sie morgens zu dem Ort zurückkehrte, wo ihr die Kaninchenspuren aufgefallen waren. Sie wählte die Stelle entlang eines Pfades, die frische Fährten neben einem biegsamen Baum aufwies. Ihn stutzte sie auf die richtige Länge, verwendete den Schnitt, um den Rahmen der Falle sowie den Auslöser zu bauen, und befestigte daran das eine Ende des Seils, das andere am Baum. Sie knüpfte einen Laufknoten, bog den Baum nach unten, stellte die Falle auf und bedeckte sie mit dem Köder aus Buchenblättern und Wintergrün. Danach zog sie los in Richtung des Hickorybaums, mit dem festen Entschluss, dort Nahrung zu finden.

Das Fortkommen im Schnee war so beschwerlich, dass sie erst am frühen Abend zurückkehrte, das vor ihr gefaltete Umhängetuch gefüllt mit Hickorynüssen, Kiefernzapfen und einer Handvoll weiteren Wintergrüns, das sie an Moos geschmiegt entdeckt hatte.

Sie legte ihre kleine Fracht ab, ging sogleich im letzten schwindenden Licht noch einmal zu der Stelle, wo die Falle aufgestellt war, und fand ein lebendes Waldkaninchen vor, baumelnd am Sprössling, den sie über den Pfad gebogen hatte. Einen Moment beobachtete sie es, tat ein paar Schritte, glaubte, einen Schrei zu hören, zog dann das Messer hervor und näherte sich dem Baum. Sie konnte einen Funken Angst in den Augen des Tieres aufblitzen sehen, das sich verzweifelt zu befreien versuchte, hob es in die Höhe, damit sein Körper nicht mehr hin und her schwang.

Es tut mir leid, flüsterte sie und führte eine rasche Bewegung mit dem Messer aus.

Am Abend verzehrte sie die Hälfte des gebratenen Fleischs und wickelte den Rest in Blätter ein. Dann schabte und reinigte sie das Fell innen wie außen, um es zu trocknen und später daraus ein Paar Fäustlinge zu fertigen, falls ihr ein weiteres Kaninchen in die Falle ging. Als sie damit zum Ende kam, war schon längst die Dunkelheit hereingebrochen. Innerhalb eines Tages hatte sie gesammelt und erjagt, wofür sonst, dachte sie, drei Tage nötig gewesen wären. Sie begab sich nach draußen, um das Holz zu holen, das sie von ihrer Expedition mitgebracht hatte, erstieg zunächst aber die Felsen über der Höhle bis zum höchsten Punkt, von wo sich der Blick weit auf den Nachthimmel öffnete. Ein Viertelmond war vor einer ganzen Weile im Westen versunken, und nach Norden hin schimmerten Lichter grüner, gelber, roter Färbung, wogten wie Wasser durch die obere Atmosphäre des Horizonts. Voller Erstaunen starrte sie auf die funkelnden Sterne, sann darüber nach, was dort so hoch am Himmel lebendig sein mochte, und fühlte tief im Innern die Kraft des Willens. Sie wandte sich um, schaute gen Süden, als würde sie sich den Weg einprägen, der den Berg hinunter führte. Wäre ihr mehr Zeit geblieben, hätte sie vielleicht ein Paar Schneeschuhe hergestellt. Doch es blieb keine Zeit, nicht wenn sie zurückkehren wollte, ehe die Gebirgspfade unpassierbar geworden waren.

Noch immer besetzten Sterne den Morgenhimmel, während sie aufstand, einen Schluck Wasser trank und zur Rückwand ging, wo der Bär schlief. Sie legte ihm die Hand auf den Kopf und sagte: Ich kann hier nicht den ganzen Winter über ausharren, das wäre mein Tod.

Er rollte herum, und sie trat einen Schritt zurück, erwartete, er würde die Augen aufschlagen, ihr ein liebevolles Lebewohl wünschen oder sie anflehen, ihn nicht zu verlassen. Zwar öffnete er die Schlinge des Körpers, wälzte sich hin und her, kam aber auf der anderen Seite zu liegen, schloss die Schlinge wieder und verfiel mit seiner enormen, langsam an- und abschwellenden Masse in immer lauteres Schnarchen. Nun wurde ihr die Tiefe seines Schlafs bewusst; eines Schlafs jenseits der schweren Lider, zuckend im Halblicht, das zum hinteren Teil der Höhle vordrang; eines Schlafs, in dem er einen unbekannten Wald durchwandern oder seine Ruhe finden mochte unter den Sternbildern am nächtlichen Firmament.

Als sie den Fuß nach draußen setzte, war der Himmel heller geworden und die Wälder schienen im Dämmer Knospen ausgetrieben zu haben, sodass sie für einen verwirrenden Moment den Eindruck gewann, der Frühling sei angebrochen, der Schnee der letzte in diesem Jahr – bis ihr der eisige Wind durch die Tierhaut fuhr, die sie trug, und sie wusste wieder, dass es Winter war.

Sie folgte dem gleichen Pfad den Berg hinab, den sie und der Bär eingeschlagen hatten, um zur Höhle zu gelangen, und bemerkte, dass sie eine Strecke zurücklegte, an die sie sich noch erinnern konnte. Sie benutzte die Sonne auf deren Bahn entlang der Ekliptik und ihren Kompass als Wegweiser. So marschierte sie südwärts, bis sie abermals auf den Bach stieß, der durch das Wäldchen und über den Wasserfall floss, und wandte sich dann nach Westen.

Während die Sonne gerade durch hohe Wolken blickte, als näherte sie sich der Mittagsstunde, rastete sie in einem offenen Hain, um etwas zu essen und mehrmals hintereinander die Länge ihres Schattens zu messen. Nachdem sie dies auch tags darauf getan und, wie ihr schien, keinerlei Zunahme festgestellt hatte, bezeichnete sie diesen Tag als Wintersonnenwende. In den breitesten der mitgeführten Stöcke, die sie zurechtgeschnitten und für die Schlingenfalle verwendet hatte, ritzte sie eine Markierung ein: der erste Tag. Das würde fortan ihr Kalender sein.

Nach dreitägigem Marsch in schwerem Schnee, wobei sie nur haltmachte, um zu schlafen, nach Nahrung zu suchen und ihre Kürbisflasche mit Wasser zu füllen, erreichte sie den breiten, nun zugefrorenen Fluss. Seine Ufer waren eingefasst von Ebenen, versehen mit Wiesen und Wäldern, wo blattlose Birken und Weiden wuchsen. Ein Anblick, als wären weiße Laken über die Landschaft gespannt und durch eine flache Talsohle geschlungen worden. Sie trat näher heran, um das Eis zu überprüfen. Ihr Vater hatte ihr gezeigt, wie man die Dicke anhand der Farbe und der Art des Wassers feststellt. Sie wischte die Schneedecke auf der Oberfläche beiseite, das Eis darunter trüb und grießig, legte sich auf den Bauch, um ihr Gewicht zu verteilen und zu lauschen. Seit dem Sturm war die Luft stets unter dem Gefrierpunkt gewesen. Auf dem See hätte das für eine Eisdicke von einer Handlänge genügt. Doch ein gefrorener Fluss war ihr noch nie zu Gesicht gekommen. Sie erhob sich auf allen vieren und kroch ein wenig weiter hinaus, legte sich wieder auf den Bauch, lauschte und rutschte weitere fünf Schritte auf den Knien. Dann stand sie auf und ging noch drei Schritte. Der Fluss war nicht schnell gewesen, als sie ihn zuletzt sah, aber tief. Gleichwohl war jetzt alles rings um sie Eis. Es gab keine offenen Bereiche, wo Stromschnellen die Verdickung der Oberfläche hätten aufhalten können, keine Eisstaus, an denen sowohl Wind wie Stromschnellen eine Schollenwand aufgeworfen und darunter eine ausgedehnte Luftblase zurückgelassen hätten. Sie bewegte sich auf das ferne Ufer zu, nicht weiter weg von ihrer Stelle als das Haus vom See, und spürte den Sog, den diese Distanz auf sie ausübte. Sie kniete nieder, um einmal mehr die Oberfläche zu betrachten, richtete sich dann endgültig auf.

An jenem Tag hatte sie schon eine Weile das Gefühl gehabt – als sie eine Pause einlegte, um zu essen, oder an eine Verengung des Pfades gelangte –, dass ihr etwas folgte. Es war nichts, das sie hörte, sondern nur ahnte. Und so wünschte sie sich ebenso sehr, den Fluss zu überqueren und einem Land den Rücken zu kehren, in dem sie mehr Zeit verbracht hatte, als es ihr je möglich erschien, wie dorthin zurückzufinden, wo die Zeit an einem vertrauten Ort verging, auch wenn er nun allein ihr vertraut wäre.

Sie unternahm vier weitere Schritte in Richtung des rettenden Ufers, breitete die Arme aus, wie um zu fliegen, und bahnte sich Stück für Stück ihren Weg, erst zaghaft trottend, schließlich so schnell, wie sie konnte, über eine Eisdecke rennend, die den Fluss erstarren ließ und versiegelte.

Da war kein Knacken, keine Bewegung, kein Geräusch wie ein Stöhnen. Das Eis explodierte, und sie fiel hindurch wie ein Stein – ein verblüfftes Schnappen nach Luft das Einzige, was sie mit sich nahm, als sie in die Tiefe schoss. Das Wasser war dunkel, die Kälte unerträglich und einschnürend gleich einer Bogensehne um ihre Brust. Sie wand sich, um nach dem Licht in der Öffnung zu suchen, und sah es durch das gebrochene Eis schräg einfallen. Heftig kämpfte sie gegen die Strömung, die an ihr zerrte, sie nach unten zog, doch nicht mit sich forttrug. Etwas hielt sie, und ihr fiel der Rucksack ein. Offenbar hatte er sich im unteren Bereich des gefrorenen Flusses verfangen. Sie hob den Kopf über das Wasser in die Luftblase diesseits der Eisschicht, tat einen Atemzug und begann, sich zu dem Loch zurückzuarbeiten, durch das sie gestürzt war. Die Kälte drang jetzt nach innen, und sie fühlte den von ihr ausgelösten Schmerz wie einen Hammerschlag in Kopf und Körper. Langsam bahnte sie sich ihren Weg, und als das Loch in Reichweite schien, warf sie die Arme nach vorn, tauchte unter, um den Rucksack abzustreifen, zappelte dann wild mit den Beinen, wohl wissend, dass ihr kaum Luft und Kraft blieben, wenn sie nicht schnell zurückschwamm und den Rand der Öffnung erreichte. Noch einmal stieß sie sich von der Strömung ab und konnte so die gezackte Eiskante ergreifen. Während ihre gefrorenen Beine noch unter Wasser hin und her schwangen, klammerte sie sich fest, hievte sich nach oben und auf das Flusseis.

Mit einem Mal spürte sie einen Biss am Nacken, als wären ihre Schultern in einen schmiegsamen Schraubstock gespannt worden, und ihr Körper hob sich, die steifen Glieder schleiften durch den Schnee. Das Eis unter ihr und jenes Etwas, das sie trug, knackten im Gleichtakt, während sie sich immer schneller zum Ufer bewegten, ein Atemhauch anstelle des Bisses nun die einzige Wärme, die sie spürte, ja mit einer Zartheit und Dringlichkeit zugleich empfand, als sie dahinschwebte und schließlich auf Schnee und gefrorenem Flussgras zu liegen kam.

Das ist also der Tod, dachte sie, wusste jedoch irgendwie, dass selbst dies nicht stimmte, und versuchte aufzustehen, als ein übermächtiger Puma – sein Fell wie Gold, schwarz umrandet, die Nase in Gestalt einer auffliegenden Taube von der rötlichen Farbe des Sumachs – eine Tatze unter ihren Rücken schob und sie hochlüpfte, dann nach unten in die wohlige Wärme seiner Brust zog und über die Ebene zu laufen begann, zurück in den Wald.

Sie schwamm nach oben, sank unter, schwamm wieder nach oben und stellte fest, dass sie diesmal, im Wasser des Traums, atmen konnte. Als ihr Kopf die Oberfläche durchbrach, blickte sie über den See und sah ihren Vater, der in dem alten Kanu aus Birkenrinde von ihr wegpaddelte. Sie begann mit starken, gleichmäßigen Zügen zu schwimmen, wie sie es als Mädchen an sommerlichen Nachmittagen getan hatte, bis ihre Arme ermüdeten und nicht mehr von den Körperseiten zu heben waren, worauf sie erneut hinuntersank, das Wasser kälter und kälter wurde, die Oberfläche über ihr forttrieb und sich verdunkelte wie ein erlöschendes Feuer.

Sie erwachte zwischen zwei Fellkörpern, den Borsten des schlafenden Bären und dem weichen Pelz des Pumas, dessen Vorderläufe sie noch immer hielten, um sie vor dem kalten Höhlenboden zu schützen.

Sie streckte sich entlang des Bärenkörpers aus, während der Puma eine Bewegung machte, damit sie sich langsam allein aufrichten und umschauen konnte. Volles Tageslicht strömte vom Eingang der Höhle ins Innere, als sie aufzustehen und dieser strahlenden Helle gegenüberzutreten versuchte, aber es gelang ihr nicht. Sie tastete an den Schultern nach dem Rucksack. Er war da. Noch immer trug sie die Schuhe, die ihr Vater für sie angefertigt hatte. Sie drehte sich zur Wand und betrachtete den Bär, der in seinem tiefen Schlaf atmete wie ein riesiger Blasebalg – sein Körper hob und senkte sich, gekrümmt wie die offene Kurve eines zunehmenden Sichelmonds. Danach wandte sie sich dem Puma zu, der im Licht stand. Erneut wollte sie auf die Beine kommen, doch sie knickten ein, und wieder setzte sie sich hin, umfasste den Oberkörper mit beiden Armen, um nicht mehr zu zittern, blickte dann auf und beobachtete, wie der Puma mit gleitendem Gang aus der Höhle schlüpfte.

Es dauerte lange, bis sie aufrecht stehen und gehen konnte. Endlich näherte sie sich dem vorderen Teil der Höhle und entdeckte dort alles Nötige, um in der Mulde ein neues Feuer zu machen – Zunder, Kleinholz, Scheite, gesammelt und auf Steinen getrocknet. Sie trank das restliche Wasser aus ihrer Kürbisflasche, nahm den Rucksack ab, holte daraus Feuerstein und Schlageisen hervor und entfachte Funken, bis im Zunder eine Flamme aufloderte und das Kleinholz zu brennen begann. Dann entnahm sie dem Rucksack die noch feuchte Wolldecke und Bettwäsche und breitete sie zum Trocknen aus.

Nachmittags saß sie noch immer vor der Feuerstelle und war nur aufgestanden, um mehr Holz sowie Kiefernnadeln für den Tee zu sammeln. Sie trank ihn aus der kleinen Pfanne, umklammerte sie mit den Händen, als lägen darin Glutstücke, welche die Wärme in ihrem Inneren speichern könnten, nach der sie sich sehnte. Sie spähte in den hinteren Bereich der Höhle, offenbar in Erwartung, dass der Bär aufwachte und ihr mitteilte, dies alles sei Teil eines weiteren Traums, aus dem sie bald erwachen werde. Aber er blieb in seinen Schlaf versunken.

Sie schlief auf dem Höhlenboden, das Feuer ein Flackern aus verbrannten Enden der Holzscheite, als der Puma zurückkehrte, sie mit einem Stups aufweckte und wieder nach draußen ging. Sie regte sich, stand auf und folgte ihm ins graue Zwielicht.

Im Schnee lag ein Reh, die Augen glasig und leer, nun nicht mehr auf der Flucht, das Geweih abgebrochen und das Fell am Nacken dunkel gefärbt mit gefrorenem Blut. Der Puma saß am Boden und leckte sich die Pfoten, während sie die erlegte Beute genau betrachtete. Dann kniete sie nieder, schloss dem Reh die Augenlider und zog ihr Messer aus der Scheide.

Sie arbeitete langsam und mit der Sorgfalt, die sie dem Tier beim Ausweiden angedeihen zu lassen wusste. Als sie zum Ende kam, war das Zwielicht zu Abenddämmer verblasst, der zunehmende Mond im Osten über die Bäume gestiegen. Sie würde bis zum Morgen warten, um es zu enthäuten und zu zerlegen, zog die Innereien aber schon jetzt aus dem Kadaver, stieß die Brusthöhle mit einem Stock auf und schob Schnee in die Öffnung. Danach grub sie an Ort und Stelle einen Stein mit flacher Seite aus, wischte die Erde ab und kniete sich wieder vor das Reh. In seiner Brust tastete sie nach dem Mittelknochen und schlug mit dem Stein gegen das Sternum, bis es zerbrach. Ihn zwängte sie in die entstandene Lücke und stemmte sie auf, um beide Hände mitsamt Messer in die Höhle eintauchen zu können. So umschloss sie diese jetzt, irgendwie noch immer warm, schnitt den Muskel wie auch die Arterien weg, die dem Thorax Halt gaben, und riss das Rehherz heraus, derart groß, dass es beide Handflächen ausfüllte.

Er hat dich gut angelernt, sagte der Puma mit rauer, schleppender Stimme.

Sie drehte sich um und starrte auf die mächtige Wildkatze, nicht überrascht, weil diese zu ihr sprach, sondern wusste, dass ihr der Vater diese Tätigkeiten beigebracht hatte.

Welches Stück hättest du gerne, solange mein Messer noch scharf ist?, fragte sie.

Mein Hunger ist gestillt, erwiderte der Puma.

Im Innern der Höhle entfachte sie das Feuer und baute aus Steinen einen kleinen Ofen am Rand der Kohlen, in den sie das Rehherz legte. Kein weiteres Wort wurde zwischen ihr und dem Puma gewechselt. In der Stille wartete sie, bis das Fleisch garte, und verspeiste ihre Abendmahlzeit mit einem nie gekannten Hunger, wusch sich danach Hände und Gesicht im Schnee und nahm wieder ihren Platz am Feuer ein. An einen Fels gelehnt, über den sie ihr Bettzeug geworfen hatte, fiel sie in Schlaf.

Am Morgen war der Puma verschwunden. Ein Viertel des Herzens, das sie aufbewahrt hatte, aß sie mit geschmolzenem Schnee, und begab sich dann nach draußen, um den Rehkadaver bei Tageslicht zu begutachten. Er war noch vollständig erhalten. Nahrung. Eine Tierhaut. Flechse für Bogensehne und Faden. Knochen für Nähnadeln, Pfeilspitzen und einen kleineren Angelhaken, falls sie ihn zurechtschnitzen konnte. Im Wald würde sie nach einer Eiche mittlerer Größe Ausschau halten, sie fällen und aus dem Holz einen neuen Bogen fertigen. Er wäre nicht von der gleichen Qualität wie der, den ihr Vater geschaffen hatte, aber immerhin gut genug. Sie entfernte den Schnee aus der Brusthöhle und machte sich daran, das Reh zu enthäuten, sein Fleisch herauszuschälen und Sehnen aus Rückenbändern und Läufen zu schneiden. Die eine Hälfte des Fleischs umhüllte sie mit Schnee, verwahrte sie in einer breiten Ritze der Höhlenwand und legte die andere zum Räuchern beiseite. Die Sehnen reinigte und platzierte sie zum Trocknen nahe dem Feuer. Daraufhin wandte sie sich der Tierhaut zu.

Auf einem breiten, glatten und abschüssigen Stein fleischte sie die Tierhaut mit ihrem Messer aus und säuberte sie. Nach beendeter Arbeit machte sie sich auf die Suche nach Ästen und Stöcken, um aus diesem Totholz – in Felsspalten gepresst und auf dem Höhlendach aufgehäuft – ein grobes Gestell zu bauen. Mit den Schnüren ihres Beutels dehnte sie die Haut und befestigte sie an dem Ständer, wo sie bis zum Vollmond austrocknen sollte.

Als sie aus der Höhle trat, stand der Puma vor dem Eingang mit zwei toten Possums. Sie ergriff beide an den Schwänzen, um sie nacheinander zuzurichten, löste das spärliche Muskelgewebe ab und fleischte mit ihrem Messer auch diese behaarten Häute aus, legte sie zum Trocknen neben das Feuer und öffnete die Schädel, um später mit den Gehirnen die Häute zu behandeln.

Bis zum Mittag war sie fertig und bereitete ein Stück Wildfleisch für ihr Essen zu. Da der Puma erneut verschwunden war, bedeckte sie das Feuer mit Asche und ging hinaus, um nach einem Baum zu suchen, aus dem sich ein guter Bogen machen ließe.

Kurz vor Einbruch der Dämmerung kehrte sie zurück und brachte lediglich einen getrockneten Ast mit, der sich als Brennholz eignete. Einmal mehr stand der Puma bei der Höhle. Vor ihm lagen zwei große Biber mit dem Gesicht nach unten. Sie hob beide auf, um sie zu untersuchen, worauf der Puma mit wiederum rauer Stimme sagte: Die können warten. Setz dich. Es gibt ein paar Dinge, die ich dir mitteilen möchte, bevor ich fort muss.

Sie brach den Ast übers Knie, begab sich in die Höhle und legte das größte Stück aufs Feuer.

Diesmal blieb der Puma draußen, schritt am Eingang auf und ab, hielt kurz inne, um bisweilen zum Berg hochzublicken, gleichsam argwöhnisch oder abwartend. Dann stand er still im Halblicht und sagte zu ihr, noch mehr winterliche Kälte werde kommen, und obwohl sie von hier den Weg nach Hause kenne, sei dafür jetzt nicht die Zeit, falls sie zu dem Berg zurückzukehren wünsche, der allein steht, um ihren Vater zu bestatten. Er, der Puma, habe ihr genügend Nahrung für mehrere Wochen überlassen und Felle, die sie verwenden könne, um sich während der Jagd warm zu halten, wenn sie ihre Fertigkeiten einsetze, die Häute zu trocknen. Das Übrige sei überall vorhanden im Wald, der im Winter nicht sterbe, sondern sich nur wandle.

Schau dir den Bären an, ermunterte er sie. Er schläft und schläft, aber in seinen Träumen wandert er umher, wie er es im Wachzustand tat, geht die Pfade zurück, die er einst kannte, Pfade, die er an deiner Seite beschritten und auf denen er dir vieles erzählt hat über Dinge, die deinesgleichen nie wussten oder interessierten. Du bist jetzt mit ihm verbunden, so eng wie mit den Knochen in deinem Körper. Wenn du nicht aufwachst, wird diese Höhle dein Grab sein, und der Bär wird auf seinen Wanderungen die Erinnerung an einen Herbst mit sich tragen, als er eine Zeit lang unterwegs war mit einer Person, die zutiefst trauerte. Doch wenn du aufwachst und nach Hause zurückkehrst, werden der Bär und eine Generation von Bären nach ihm die Geschichte über die Heimkehr der letzten Person zu dem Berg, der allein steht, weitergeben – auf dass der Wald sich ihrer erinnere, solange es Wald unter der Sonne gibt.

Sie blickte nicht auf, als der Puma fertig gesprochen hatte. Ihre Augen blieben auf das Feuer gerichtet. Der Himmel hatte sich bewölkt, und der Rauch stieg nicht mehr geradlinig auf, sondern bewegte sich wellenförmig zwischen der Mulde und dem Boden – Vorzeichen dafür, dass noch mehr Schnee fallen würde. Sie griff nach hinten, lockerte die Riemen ihres Rucksacks und streifte ihn von den Schultern, stand auf und ging damit zur Rückwand, wo sie ihn neben dem schlafenden Bären abstellte.

Als sie sich wieder dem Höhleneingang und dem Feuer zuwandte, sah sie, wie der Puma aus dem Flammenschein ins Dunkel entschwand.

Wind und blendender Schnee hielten sie drinnen fest und wirbelten den ganzen nächsten Morgen um die Feuerstelle. Ihr Frühstück bestand aus Wildfleisch und Sassafrastee, bevor sie begann, auf der Höhlenwand einen Kalender anzulegen, beginnend mit dem Tag ab der Sonnenwende am Fluss, als sie erstmals zählte. Dann fügte sie fünf weitere Tage hinzu – die drei, als sie schlief, und die zwei, die sie wachend mit dem Puma verbrachte. Sie ging auf dem Steinboden hin und her, lauschte der langsamen, rumorenden Atmung des Bären und dachte darüber nach, was der Puma über ihre Verbundenheit mit ihm gesagt hatte. Sie fühlte sich mit nichts verbunden, außer mit ihrem sehnsüchtigen Wunsch, zu Hause zu sein – und daran, allein daran würde sie festhalten, um zu überleben. Sie fleischte die Häute der Biber aus und spannte sie zum Trocknen auf. Dann nahm sie die Felle der Possums zur Hand und wusch mit deren Gehirnen die Hautseite in einem Bad, wrang und dehnte sie, entzündete ein Feuer mit frischem Holz, um sie zu räuchern und so während einer letzten Trocknung weich zu machen.

Ohne stabile Schneeschuhe konnte sie im Wald nirgendwohin gehen, und die Kiefernäste und Hemlocktannenzweige, die sie für deren Herstellung benötigte, waren nicht weit von der Höhle entfernt. Als der Mittag nahte, flaute der Sturm eine Zeit lang ab, und so stapfte sie nach draußen in den kniehohen Schnee und bahnte sich ihren Weg bis zur Baumgrenze. Sie kletterte auf die erste Weymouthskiefer, die ihr auffiel, brach vier Äste vom Stamm und steckte sie aufrecht in den Schnee. Dann schleppte sie sich weiter den Berg hinunter zu einer Reihe von Hemlocktannen und schnitt so viele Zweige ab, wie sie tragen konnte. Die Äste und Zweige schleifte sie durch Verwehungen zurück zur Höhle und begann mit der Arbeit.

Sie verwendete den gezackten Rand eines im Feuer gespaltenen Steins, um die Äste bis Brusthöhe zu stutzen, und ihr Messer, um das eine ihrer Enden abzuflachen und in das andere eine Kerbe zu schnitzen. Mit der Sehne aus dem Lauf des Rehs band sie vier kleinere Stöcke, die als Fußstützen dienten, kreuzweise an der Mitte der Äste fest, bog dann deren Enden zusammen, bis sie die flache Seite berührten, und verzurrte auch diese miteinander. Als sie damit fertig war, lagen zwei fischförmige Schneeschuhe vor ihr, halb so groß wie sie. Daraufhin nahm sie die Zweige der Hemlocktanne, flocht sie von der Ferse her unterhalb der Fußstützen ein und kleidete damit den vorderen Teil aus, sodass sie innerhalb des Rahmens aus Kiefernästen eine bequeme und zugleich eng anliegende Passform gewährleisteten. Schließlich legte sie die Schuhe auf den Boden, stellte sich darauf und wusste, sie würden ihr Halt geben.

Der Sturm tobte fünf Tage lang. In dieser Zeit ernährte sie sich von Wildfleisch und Baumrinde. Sie nahm die Hälfte des mit Schnee umhüllten, in einer Ritze der Höhlenwand aufbewahrten Fleischs und räucherte es kalt, wie ihr dies vom Vater beigebracht worden war. Sie benutzte dafür das Gestell, das sie für die Tierhäute angefertigt hatte, und schnitt grüne Ahornschösslinge in Stücke. Das Räuchern dauerte einen Tag und eine Nacht, wobei sie sich fragte, ob der Rauch den Bär aufwecken würde; doch er schlief weiter.

Als sie am Morgen des sechsten Tages erwachte, schien die Sonne und es herrschte bittere Kälte. Mit dem letzten ihrer Holzscheite entzündete sie das Feuer, kaute zum Frühstück auf einem Bissen Rehfleisch, band dann die Schneeschuhe um ihre Füße und ging nach draußen.

Der Wald war eine Welt der Stille. Tiefer Schnee hatte alles darin begraben außer den Bäumen. Sie erschien ihr wie die Welt jenseits des väterlichen Hauses zu den Jahreszeiten, wenn auch dort tagelang Schnee fiel und sie beide darauf warteten, dass der Sturm sich legte, dann ihr Feuer machten, die aus Holz und Tierhäuten gefertigten Schneeschuhe überstreiften und ins Freie traten. Kein Wind wehte nun. Keinerlei Lebewesen regte sich, mit Ausnahme von ihr. Sie stampfte mit den Schuhen auf, um deren Verschnürungen sowie ihr Gewicht zu überprüfen, und lauschte dem Geräusch des dumpfen Schlags, das in der Kälte vom Berg widerhallte. Daraufhin glitt sie langsam über den Boden, der sich mit einem Mal anders anfühlte.

Sie dachte an den Puma und daran, wie er sich immer wieder umgedreht hatte, um zum Berg hochzublicken, während er auf und ab schritt und zu ihr sprach. Sie war nie hinauf-, sondern nur hinabgeklettert, um sich auf Nahrungssuche zu begeben und die sich dafür im Wald bietenden Gelegenheiten zu nutzen. Dort oben, ahnte sie, verbarg sich etwas, und sie wollte herausfinden, was es war.

Der Aufstieg war steiler, als sie erwartet hatte, doch ihre Schneeschuhe blieben ganz und ermöglichten ihr, sich schnell über den mit tiefen Verwehungen bedeckten Boden fortzubewegen. Trotzdem brauchte sie wärmere Kleidung. Die Wolldecke und die alte Rehhaut, die sie trug, reichten nicht aus. Jetzt verstand sie, warum ihr der Puma die Possums und die Biber gebracht hatte. Nach der Rückkehr zur Höhle am Abend würde sie aus deren Pelzfellen einen Hut und Fäustlinge nähen, außerdem Kaninchen- und Hasenfelle an die Innenseite ihres Rehlederhemds, falls sie genügend solche Tiere fangen konnte. Oder irgendein anderes Teil verarbeiten, das ihr über längere Zeit Wärme spendete. Vor ihr lagen viele Wintertage, die kälter sein würden als der heutige.

Sie war noch gar nicht weit vorgedrungen, als der bergauf führende Pfad derart steil wurde, dass sie die Schneeschuhe ausziehen musste. Sie erwog umzukehren, wusste jedoch, dass sie, wenn Schnee fiele oder extreme Kälte herrschte, kaum in der Lage wäre, diesen Gipfel zu erklimmen. Die Beschaffenheit des Geländes ringsum zu erkunden, würde ihr helfen, Orientierungspunkte ausfindig zu machen, die sie auf der Jagd benötigte. Sie ließ ihre Schneeschuhe an einem auffälligen Felsvorsprung zurück und wanderte weiter, kletterte mit Händen und Füßen, während der Weg zunehmend beschwerlicher wurde, ehe sie zu einer nackten, vom Schnee freigeblasenen und in der Mitte entzweigebrochenen Felswand gelangte, sodass sich eine Art Schlot durch den Stein bis zur Bergspitze erstreckte. Sie trat in die Vertiefung, lehnte den Rücken an eine Wand des Schlots und stemmte ihre Füße gegen die andere. Dann begann sie, sich langsam aufwärts zu bewegen, Hände und Rücken an die kalte Oberfläche des Felsens gepresst, der Körper in schrägem Winkel die Spalte hochgleitend. Als sie oben ankam, tat sie einen Sprung, ergriff die Felskante und zog sich schließlich auf den schneebedeckten Gipfel.

Ihr Blick schweifte über eine Szenerie, so ähnlich jener vom Berg aus betrachtet, den sie ihr Zuhause nannte, dass es – bis auf den Schnee – schien, sie stünde an demselben Ort wie damals, als der Vater sie erstmals zum Grab ihrer Mutter mitgenommen hatte. Dennoch konnte das nicht der Berg sein, der allein steht. Es gab keine Felsformation, die an einen Bären erinnerte. Keinen See in der Ferne. Kein Dach eines Hauses, von dem Rauchspiralen aufstiegen. Keinen mit Gedenksteinen aufgeschichteten Haufen.

Es war die Landschaft unter ihr, die den Unterschied bewirkte. Nach Süden schauend konnte sie den unverkennbar gefrorenen und schneebedeckten Lauf des Flusses sehen, der sich über mehrere Kilometer durch den Wald schlängelte. Sie entdeckte die Stelle, wo der Pfad, den sie mit dem Bär beschritten hatte, ihn kreuzte, wie auch die Überschwemmungsebenen nahe dem Wald und den breiten Flussabschnitt, der sich dort öffnete: alle Spuren ihres Versuchs, ihn zu überqueren, gelöscht nun und mit einer Eisschicht überzogen. Dies war also der Ort, an dem sie überwintern, an dem sie überleben oder sterben würde, auf der Suche nach Nahrung den Wald durchstreifend und in einer Höhle nächtigend.

Ich brauche einen Bogen, sagte sie mit erhobener Stimme, schlüpfte zurück in den steinernen Schlot und kletterte nach unten.

Zur Höhle zurückgekehrt, entzündete sie ein Feuer und baute aus Steinen einen weiteren Ofen, in den sie das letzte Stück rohen Wildfleischs legte und es mit Kohlen umgab. Sie schmolz Schnee in der Zinntasse, erhitzte sie und streute eine Handvoll Kiefernnadeln hinein, um Tee zuzubereiten.

Sie aß das Fleisch zur Hälfte, wickelte den Rest in Blätter und steckte den Proviant in ihren Beutel. Danach wandte sie sich dem hinteren Teil der Höhle zu und sagte mit lauter Stimme: Ich steige den Berg hinunter, um nach einem Baum zu suchen, aus dem ich einen Bogen schnitzen kann.

Sie nahm ihre Kürbisflasche mit Wasser, das Messer und einen vom Feuer gespaltenen Stein, den sie als Säge benutzte.

Ich werde so lange wie nötig unterwegs sein, fügte sie hinzu und verließ die Höhle.

Das Wispern der den Berg hinabgleitenden Schneeschuhe war das einzige Geräusch im Wald. In einem fast rhythmischen Gang bewegte sie sich bis zur Baumgrenze und in den Schutz der Hemlocktannen und Kiefern, dann weiter abwärts in die mit Birken und höher aufragendem Hartholz bestandenen Haine. So oft war sie schon über diesen Boden gekommen, dass sie genau wusste, unter den hiesigen Bäumen nicht fündig zu werden. Er hätte ihre Größe, wäre also nahe den ausgewachsenen Bäumen, doch weit genug von deren Schatten entfernt, um zu gedeihen.

Sie begann, längs der Bergflanke wieder aufzusteigen und in weit ausgedehnten Kreisen zu wandern, die sie durch unbekanntes Gebiet jenseits des Pfades führten, welchem sie mit dem Bär vom Fluss aus gefolgt war. Nach der Überquerung des vierten und breitesten Passes fiel ihr endlich eine Birke auf, die erdwärts gebogen und unter der schweren Schneelast geknickt war. Sie hielt inne, setzte sich darauf wie auf eine Bank und lauschte dem Ächzen und Stöhnen der alten, weiter entfernten Bäume, die sich fast unmerklich in der Kälte neigten. Ihre saftlosen Rinden und langen Zweige schienen sich zu strecken und in ihrem trägen, bedächtigen Warten zugleich nach dem Frühling zu sehnen.

Sie erinnerte sich an die Worte des Bären, es bedürfe mehrerer Mondphasen, um den Bäumen lauschen zu können, und überlegte, ob das eine Übertreibung oder die Wahrheit war. Sie würde erfrieren oder verhungern oder beides, falls er recht hatte. Hände und Kopf nun mit Fell bedeckt, die Füße trocken und warm auf den Hemlocktannenzweigen ihrer Schneeschuhe dachte sie: Ich werde so lange wie nötig unterwegs sein, und starrte auf die kahle Landschaft des Waldes. Sie fragte sich – wie sie sich als Kind gefragt hatte, was ein Bär wohl sagen würde, wenn er zu ihr spräche –, was ihr Bäume im Winter mitteilen mochten, wenn sie lernen könnte, mit höchster Aufmerksamkeit zu horchen oder wirklich zu sehen.

Es wäre ebenso geschehen, wäre sie nicht dagewesen, denn in den winterlichen Bergen ändert sich die Windrichtung ständig; doch nachdem der Wind zuvor ein trockenes und brüchiges Buchenblatt auf ihren Weg geweht hatte, drehte er sich in die entgegengesetzte Richtung, worauf das Blatt kehrtmachte und fortflatterte. Sie stand auf und ließ sich von diesem Wind tiefer in den Wald treiben, weg von der Route ihres sich in Kreisen windenden Pfades.

Der Vater hatte ihr beigebracht, eine Entfernung in Zehnerschritten zu messen, und sie schätzte, hundert von ihnen zurückgelegt zu haben, ehe sie auf die Eiche traf. Diese war dünnstämmig und nur etwas größer als sie, wuchs jedoch vollkommen gerade und erweckte den Eindruck von Stärke. Sie umrundete sie, untersuchte die Rinde und besichtigte den Hain ringsum. Irrtümlicherweise hatte sie geglaubt, Bäume würden in ihrem eigenen Licht gedeihen. In der Nähe aber standen mehrere größere Eichen. Diese schien nicht in deren Schatten zu wachsen, sondern unter ihrem Schutz. Sie ging zu dem Baum zurück und umfasste ihn wie einen Bogen. Ihre Finger bewegten sich über den Stamm. Reichlich Holz wäre zu bearbeiten, doch nicht so viel, dass es den übrigen Winter bräuchte, um die äußeren Schichten abzutragen. Sie würde bis zum noch frischen Splintholz vordringen, es gestalten und jeden Tag beim Feuer belassen müssen, ehe daraus ein Bogen entstünde, den sie benutzen konnte.

Sie lockerte ihren Griff und hielt den Baum sanft, so wie der Vater ihre Hand stets gehalten hatte. Sie entsann sich der Worte des Bären über den Wald am Flussufer. Und des Tages, an dem der Vater ihr die Bohlen aus Hickoryholz auf dem Dach seines Geräteschuppens präsentierte, die er im Wald gefunden und vor Ort gezimmert hatte, als sie fünf war. Ich habe gewartet, bis du bereit bist, hatte er erklärt.

Sie sank auf die Knie und befreite den Untergrund des Baumes vom Schnee, zog die Fäustlinge aus und berührte den dünnen Stamm mit bloßer Hand.

Ich hoffe nur, dass es für uns beide nicht der letzte Winter ist, sagte sie.

Anschließend fällte sie den Baum so nahe am Boden, wie dies mit der scharfen Kante des Steinbrockens möglich war, stutzte die Äste und ging mit ihm zu der niedergebeugten Birke zurück. Von ihr schnitt sie Zweige ab, die sich als Pfeile eigneten, um schließlich wieder den Berg hinaufzusteigen.

In der Höhle schälte sie von der Eiche die Rinde ab und lagerte das Längsholz unweit des Feuers. Danach nahm sie die getrocknete Sehne aus dem Rückenband des vom Puma erlegten Rehs und fing an, mit ihrem Kamm deren Fasern zu trennen, herauszulösen und zu einem Faden zu verweben, indem sie sie zusammendrillte und miteinander verknüpfte, jeweils mehr Sehne einarbeitend, sobald das Ende eines Fadens erreicht war, bis die Schnur die gleiche Länge hatte wie das Holz und sie das äußerste Ende zu einer Schleife band.

Bis zum Abend war sie damit fertig. Zum Essen kaute sie auf einem Stück geräucherten Possumfleischs und kochte eine weitere Tasse Tee, versorgte das Feuer und ging im Mondlicht den Berg hinab zur Baumgrenze. In einem anderen Bestand von Hemlocktannen stellte sie ihre Falle auf und bedeckte diese mit Wintergrün – in der Hoffnung, während der Morgendämmerung würden Kaninchen herbeikommen und nach Nahrung suchen.

Morgens fand sie dort einen Schneehasen vor, der an der Schlinge baumelte. Sie tötete ihn, zog ihm im Schnee die Haut ab und nahm ihn aus. Zurück in der Höhle bereitete sie Haut und Fell zur Trocknung vor und durchbohrte das Fleisch mit einem Spieß, um es über Kohlen langsam garen zu lassen. Den Rest des Tages widmete sie dann ihrem Bogen.

Das Holz war frisch und kräftig, weshalb es sie große Mühe kostete, Schicht um Schicht mit dem Messer abzutragen und eine flache, ebene Kurve ins Innere des Bogens zu schnitzen.

Sie hätte sogleich die Enden zuspitzen, mit Kerben versehen und gerade, schnelle Pfeile anfertigen können, aber sie nahm sich Zeit. Aus einem Tag wurden drei, während sie seufzte und schnitzte, seufzte und schnitzte und dem Bogen noch mehr Formung und Festigkeit verlieh, indem sie ihn über Nacht beim Feuer mit Steinen in Position hielt.

Letzte Hand anlegend, bespannte sie den Bogen mit einer Sehne und bog ihn an der Gabelung eines Baumes hin und her. Er war gleichmäßiger, als sie erwartet hatte, und das Zuggewicht fühlte sich stark genug an, um einen gut geschnitzten Pfeil so abzuschießen, dass er über einige Geschwindigkeit und Zielgenauigkeit verfügte. Danach kehrte sie zur Höhle zurück, glättete mit einem runden Stein die Seiten und den Griff und lehnte den Bogen an die Wand.

Nun stutzte sie aus den Birkenzweigen zwei Pfeile zurecht, schnitt Nocken in die hinteren Enden und befestigte an den vorderen zugespitzte Rehknochenstücke. Was ihr fehlte, waren Federn. Von ihrem Vater hatte sie gelernt, dass sich Kiefernnadeln als Befiederung von Pfeilen eigneten, falls keine Federn zu finden wären. Also ging sie nach draußen und sammelte ein paar Nadeln von einer Weymouthskiefer, brach, des Harzes wegen, einen Ast ab, wickelte die Nadeln mit feinen Sehnenfäden um die hinteren Enden und erhitzte das Harz, um es als Klebstoff zu verwenden. Schon bald hielt sie in jeder Hand einen Pfeil und balancierte beide leicht auf den Fingern. Dann richtete sie die Spitzen nach vorn, hob die Geschosse auf Augenhöhe und ließ den Blick über die Schäfte gleiten. Sie würde dem Wild gleich welcher Art, das sie erjagen wollte, nur nah kommen müssen.

Vor dem ersten Licht stand sie auf und stieg mit Schneeschuhen den Berg hinunter, zurück zu der Stelle, wo sie die junge Eiche gefällt und in einer Birkengruppe gesessen hatte. Dort harrte sie nun aus, ein Pfeil in den Bogen eingelegt, der andere griffbereit am Boden.

Bei Morgengrauen stapfte ein kleines Reh unbekümmert durch den Schnee in den Hain, knabberte an den tief hängenden Ästen eines Ahornbaums, der dem Tier – wenn überhaupt – nur wenig Nahrung bot. Sie war müde und ebenfalls hungrig, hielt jedoch den Bogen ruhig, als sie sich zurücklehnte, auf das Herz hinter den Vorderläufen zielte und den Pfeil abschoss.

Beim Geräusch des vorbeizischenden Windes blickte das Reh kurz auf und wandte sich dann wieder den Zweigen des Ahorns zu. Sie legte den zweiten Pfeil ein, bog den Oberkörper wieder ein wenig nach hinten – und verfehlte ihr Ziel erneut. Sie erhob sich aus ihrem Versteck, worauf das Reh sich umdrehte, die Luft schnupperte und fortsprang, hinein in dichtere Wildnis.

Auf dem Berg wurden die Tage kälter, und keine Nacht verging ohne Schneefall, sodass sie auf ihren Streifzügen nun den Eindruck gewann, der Wald selbst verliere seine Bewohner, die kleineren Bäume und Felshaufen, die ihr noch wenige Tage vor deren Verschwinden unter tiefer Schneedecke als Orientierungshilfen gedient hatten.

Sie sammelte Birkenzweige, insoweit sie ihrer habhaft werden konnte, und formte sie zu Pfeilen, bis sechs davon in ihrem Köcher steckten, einschließlich der beiden, die sie auf das Reh abgeschossen und kurz darauf wiedergefunden hatte. Jeden Morgen verließ sie die Höhle, um Beute zu erlegen. Jeden Abend kehrte sie zurück mit nichts als Hunger. Ihre Kraft verzehrt von der mühsamen Wanderung in Schneeschuhen bergab und bergauf, ihr Körper vor der völligen Erschöpfung nur bewahrt durch Blätter und Baumrinde, die sie aß, durch Kiefernnadeltee, den sie trank. Sie konnte Rehen, Eichhörnchen oder gar Hasen nicht nah genug kommen, um einen Pfeil abzuschießen, der keine weite Strecke zurücklegen, sich nicht tief in den Schnee bohren würde – und der Köder, den sie für eine aufgestellte Falle verwendet hätte, diente ihr selbst als Nahrung. Von Tag zu Tag sah sie weniger Wild, das, je unerbittlicher der Winter Einzug hielt, umso vorsichtiger und spärlicher geworden war, und mit einem Mal sah sie überhaupt keins mehr.

Hungrig wachte sie auf. Das Feuer war nur noch Asche und Verkohltes. Langsam erhob sie sich, nahm Bogen und Köcher und zog die Schneeschuhe über. Am Eingang der Höhle aß sie den frischen Schnee, der nachts gefallen war, stieg den Berg hinunter, auf der Hut allein vor der Kälte. Sie wanderte von Hainen, wo die aufgestellten Fallen nun leer waren, zu Felsen, hinter denen sie gelegen und sich versteckt hatte, lauernd auf Wild, das nicht länger in Erscheinung trat.

Vom Morgen bis nach der Mittagsstunde streifte sie am Berg entlang, dessen Gefälle im Zusammenspiel mit dem Rückenwind sie eher als ihre Beine und Füße abwärts trug. Während sie kreuz und quer das Gelände durchschritt, schwerfällig und gebeugt, sprach sie zu ihrem Vater. Sie versicherte ihm, sie sei nicht so weit gegangen, dass sie nicht umkehren könne, und ihr gegebenes Versprechen werde überdauern, so wie sie auch, ungeachtet der Kälte oder ihres Hungers. Sie bat ihn, im Beisein des Bären zu warten. Sie müsse sich dann ausruhen, falls sie die Kraft aufbringe, Nahrung zu finden und zu ihm zurückzukommen.

Nur ein wenig Wasser, dachte sie, setzte sich und schleckte ein paar Handvoll Schnee auf, der in ihrem Mund schmolz. Sie hatte jetzt einen so tiefen Punkt am Hang erreicht, dass die Sonne hinter dem Gipfel verschwunden war, obgleich noch immer Licht schien. Und Schlaf, mehr Schlaf, sagte sie zu sich selbst, schmiegte ihren Körper in die dichte, tiefe Schneedecke hinter einem Fels, um den einige hohe Hickorytannen wuchsen, schloss die Augen und lauschte der Stille.

Von einem Hickoryzweig blies der Wind eine kleine Schneewehe auf ihr Gesicht. Sie raffte sich hoch und schaute über den oberen Rand des Felsens. Die Dämmerung rückte näher. Ihre Kleidung war feucht, der Körper schmerzte vor Kälte. Sie spähte zum Steilhang hinauf, um zu ermessen, wie weit sie würde zurückgehen müssen, als ihr windwärts bei der Stelle, wo sie vorher auf den Zweigen eines abgebrochenen Astes herumgekaut hatte, ein ausgemergelter Hase auffiel. Er trat in ihr Blickfeld und entfernte sich wieder daraus, als sie im trüben Licht die Augen zusammenkniff, doch ohne sich zu rühren. In einer einzigen gleitenden Bewegung zog sie einen Pfeil aus dem Köcher, legte ihn ein, spannte die Bogensehne und ließ los. Auf seiner Befiederung aus Kiefernnadeln schwirrte der Pfeil in die Höhe, sank tiefer, prallte vom Ast ab, traf den Hasen im Genick und warf ihn um, sodass er betäubt inmitten einer sich ausbreitenden Blutlache ruhte. Taumelnd kam sie auf die Füße und rannte zu ihm, packte und hob ihn aus dem Schnee, saugte durch Fell und Flöhe hindurch an seiner Nackenwunde, während er in seinen letzten Krämpfen wild gegen ihre Handgelenke schlug. Sie griff umso fester zu, das Tier hin und her drehend, um das Leben aus ihm herauszupressen, wodurch sein Nacken brach, sie aber weiter, immer gieriger von diesem Leben trank, bis es endlich erloschen war. Kurz darauf lief sie, den Bogen über der Schulter und den Hasen an seinen Ohren hinter sich herschleifend, so schnell sie konnte in ihren Schneeschuhen den Berg hinauf.

Ihre Hände zitterten, als sie eine dünne Schicht Birkenrinde über Glutreste legte, die sie in der Mulde finden konnte, und blies, bis die Rinde zu rauchen begann und Feuer fing. So häufte sie noch mehr Rindenstücke, getrocknete Kiefern- und Zedernzweige, die sie gesammelt hatte, auf die Flammen, und sie loderten empor. Daraufhin nahm sie das Messer, weidete im Sitzen den Hasen aus und enthäutete ihn, wobei sich das Blut des Tieres mit ihrem mischte, das aus Kratzern am Handgelenk und einem Schnitt in der Handfläche rann, den sie sich in der Hast mit dem Messer zugefügt hatte. Sie warf die Haut zur Seite, bohrte einen Spieß durch den Kadaver und platzierte ihn über dem Feuer, wendete ihn und beobachtete, wie das Fleisch sich dunkler färbte und rauchte, während sein Duft die Höhle erfüllte. Als sie vor Heißhunger nicht mehr zuschauen konnte, zog sie das Fleisch aus dem Feuer, riss Stücke von den Knochen und verschlang sie vollständig. Plötzlich hielt sie sich den Magen, fing an zu jammern und erbrach sich mehrmals, bis sie nach Luft rang, und übergab sich noch immer, keuchend und würgend an Blut und rohem Fleisch. Dann fiel sie vornüber, auf Hände und Knie, in ihren eigenen Schmutz auf dem Steinboden, röchelte und erschauerte. Erst als sich ihre Atmung allmählich beruhigt hatte, weinte sie los in ihrer Erschöpfung, ihrer Einsamkeit und Angst nun vor allem – selbst vor dem Schlaf.

Vom Gipfel des Berges, der allein steht, starrte sie in die Tiefe. Es war ein Tag im späten Frühling, die Bäume unten ein noch unreifes Grün, über ihr ein Adler, der seine Bahnen in weiten Kreisen zog. In der Ferne konnte sie das kleine Haus sehen, stand dann im Haus, aber ihr Vater war nicht da. Sie fing an sich umherzubewegen und stellte fest, dass der Herd kalt war, Spinnweben in den Ecken, Mäusekot auf dem Fußboden. Kurz darauf war es Winter, der Schnee wehte und wirbelte gegen die Fenster, das Haus noch immer leer. Sie öffnete die Tür, um wegzugehen, und wanderte vom Haus in die Höhle. Dort saß ein Bär neben dem Feuer. In den Tatzen hielt er einen Fisch, den er ihr entgegenstreckte.

Brate das, sagte er. Sie legte den Fisch aufs Feuer, und im gleichen Augenblick war er gar, doch sie konnte die Arme nicht heben, um ihn zu ergreifen und zu essen.

Du bist hungrig, ich weiß, erklärte der Traumbär, aber du musst nach mehr hungern als nach Nahrung oder Schlaf. Wir alle fallen in Schlaf und werden lange Zeit in ihm versunken bleiben. Sei hungrig nach dem, was du noch zu tun hast, während du wach bist.

Ich kann nicht leben, wenn ich nicht essen kann, erwiderte sie.

Du hast dich dem Fluss zu früh genähert.

Sie betrachtete den Fisch.

Ich kann ihn jetzt überqueren.

Ihn allein zu überqueren, wird dich nicht retten.

Aber ich bin allein.

Sie wandte sich dem hinteren Teil der Höhle zu, sah, dass der Bär eingerollt an der Wand lag und noch immer schlief.

Du bist nicht er, oder?, fragte sie den Traumbär.

Du weißt, wer ich bin.

Sie erwachte und kroch nach draußen in den Morgen, wusch sich mit Schnee und aß ein paar Handvoll davon, um ihren Durst zu löschen, trug dann einige Armvoll in die Höhle und warf sie auf die Stelle am Boden, wo sie in ihrem Erbrochenen gelegen hatte. Anschließend klaubte sie den halb verzehrten Hasen am Spieß aus der Asche und zündete ein neues Feuer an, dessen Wärme genügte, um den Schnee zu schmelzen, sodass er mitsamt dem Geruch von Galle in die Steinritzen einsickerte.

Nun ging sie in den dunkleren Teil der Höhle, entnahm dem Rucksack jenen Topf, den ihr Vater mit sich geführt hatte, und schüttete das restliche Salz hinein, beförderte das Hasenfleisch vom Spieß in den Topf, ging nach draußen, um ihn mit Schnee zu füllen und am Eingang abzustellen. Sie streifte ihre Schneeschuhe über und stieg hinunter zur Baumgrenze, wo sie zwei Handvoll Kambiumrinde einer Weymouthskiefer abschälte. Damit sowie mit einem getrockneten Ast, den sie von ihr abbrach, kehrte sie zur Höhle zurück, gab die Rinde in den Topf und entfachte die Flammen mit Aststücken.

Sie ruhte sich aus und trank Wasser, während ihr dürftiger Eintopf kochte. Als die Rinde weich war und das Fleisch sich von den Knochen des Hasen gelöst hatte, nahm sie den Topf vom Feuer, kühlte ihn im Schnee und aß von ihrer abendlichen Mahlzeit, so viel sie konnte, bis sie gesättigt war, sich aber noch immer schwach fühlte. Sie wusste jetzt, dass ihre einzige Chance darin bestand, zum Fluss zurückzukehren und durch die Eisschicht hindurch zu angeln. Wenn sie von geschmolzenem Schnee, Moos und Baumrinde lebend dorthin gelangen konnte, würden sich entlang des Flusses weitere Möglichkeiten bieten, Nahrung zu finden. Und wenn sie Glück hatte, wären auch Fische vorhanden.

Es war um die Mittagsstunde, als sie ihren Entschluss fasste. Der Hunger würde sie unterwegs oder in der Höhle überkommen, also ergriff sie Bogen und Köcher, schulterte den Rucksack, zog die Gurte fester und brach abermals auf, um in ihren Schneeschuhen den Berg hinabzugleiten.

Am ersten Abend machte sie ein Feuer mit den Kohlen, die sie bei sich trug, und erhitzte, was von ihrem Haseneintopf mit Rinde übrig war. Am Morgen darauf wickelte sie die noch nicht verbrannten Kohlen ein und setzte ihren Weg fort.

Vor dem Abend des dritten Tages erreichte sie den Fluss und sah die Stelle, wo sie ihn zu überqueren versucht hatte. Das gegenüberliegende Ufer, auf das der Puma sie gezogen hatte, nun voll schneebedeckter Gräser, in denen sie damals gelegen hatte, aus denen lange Stiele der Goldrute, übersät mit Galläpfeln, hervorstachen, und sie erinnerte sich der Worte ihres Vaters, was diese im Winter in sich tragen. Sie schritt über die Ebene und fing an, die Äpfel von den Stängeln zu pflücken, setzte sich hin und öffnete sie mit ihrem Messer. In jedem lag eine winzige weiße Larve. Sie aß sechs davon zusammen mit mehreren Handvoll Schnee. Dann nahm sie einen kleinen Haken zur Hand, den sie aus einem Knochen des vom Puma herbeigeschafften Rehs geschnitzt hatte, spießte drei weitere Larven darauf und befestigte ihn an der Angelleine.

Da ihr bewusst war, dass sich unterhalb von Schnee und Eis Steine befänden, grub sie diese aus, durchsuchte sie nach solchen mit hohem Granitanteil, die sie wie einen Meißel halten konnte. Sie entdeckte zwei passende von unterschiedlicher Länge, dazu einen runden Stein, der sich gleich einem Hammerkopf in ihren Handteller schmiegte.

Nun konnte sie über den Fluss gehen, machte aber nur sieben Schritte, ließ Angelleine und Köder neben sich, räumte einen Bereich vom Schnee frei, ritzte einen Kreis in die Eisfläche und begann mit den Steinen zu hämmern und zu meißeln. Das Eis war mehrere Handlängen dick, und so arbeitete sie eine ganze Weile, ehe Wasser durch das aufgehackte Loch hochstieg. Sie legte den einen Stein weg, um ihn beim nächsten Schlag nicht zu verlieren, nahm den zweiten längeren Stein und vollendete mit ihm den Durchbruch, beseitigte die Eissplitter, bis sie unten schließlich das strömende Flusswasser sehen konnte.

Sie hob die Angelleine auf, ließ den Haken durch das Loch fallen und den Larvenköder im Wasser unter dem Eis sinken und steigen. Sofort spürte sie einen Ruck und zog einen kleinen Flussdöbel nach oben. Sie hatte noch Köder am Haken und tat das Gleiche erneut, bis drei weitere Döbel gefangen und die Larven aufgebraucht waren. Dann stieß sie den Haken durch Unter- und Oberlippe eines Döbels, warf ihn als Köder ins Wasser und ließ die Leine flussabwärts treiben, sodass der kleine Fisch jetzt flussaufwärts zu schwimmen schien. Sie bewegte die Leine, die in tiefere Strömungen glitt, und als die Forelle anbiss, wusste sie, dass es sich um einen großen Fisch handelte.

Alle drei Döbel fingen Fische für sie. An diesem Abend entzündete sie ein Feuer mit Wintergestrüpp sowie dem Holz toter entwurzelter Bäume, mit denen die Flussebene übersät war, und briet zwei der Forellen. Sie aß alles auf, außer den Gräten, und schürte das Feuer bis tief in die Nacht, um dann in ihren Häuten und der Wolldecke unter den Sternen einzuschlafen.

Am Morgen sammelte sie weitere in den Galläpfeln verborgene Fliegenlarven und holte vier Forellen an Land, ehe die Sonne über die Bäume im Osten gestiegen war. Als sie von ihrer Stelle auf dem gefrorenen Fluss eine Wetterfront aufziehen sah, überlegte sie, ob sie zur Höhle zurückkehren sollte, um dort Schutz zu finden, oder Unterschlupf nehmen im Wald nahe dem Wasser, wo die Nahrung war – und wusste mit einem Mal: Sie würde hier bleiben.

Mit ihrem Fang kehrte sie zum Feuer zurück, nahm eine Forelle aus und legte sie über grüne Zweige zum Braten, wobei sie hochblickte und auf dem niedrigen toten Ast einer Eiche, direkt am Saum zwischen Wald und Ebene, einen Adler sitzen sah. Er war ein herrliches Wesen: Kopf und Schwanzfedern von zarter Elfenbeinfarbe im Kontrast zum Grauschwarz der Schwingen; der hakenförmige Schnabel und die schmalen Klauen vom Gelb der Sonne, die gerade über eine Wolkenbank stieg. Der Vogel in seiner ganzen Pracht schien ebenfalls aus dem Horizont völlig kahler Landschaft aufgestiegen zu sein und verharrte nun reglos in einer fortwährend von Beobachtung und Jagdinstinkt geprägten Haltung. Sie beließ die Forelle über dem Feuer und näherte sich dem Adler. Er rührte sich, plusterte sein Gefieder auf, und sie konnte erkennen, dass er etwas in den Krallen hielt. Dann lugte sein Kopf hervor, schlugen die Flügel, und er schwebte vom Ast zu ihr hinunter, warf eine Gans auf die Schneeschicht und flog in enger Kreisbahn wieder zum Baum.

Sie hob die Gans auf. Es war weder eine frisch erlegte Beute noch eine alte. An einem Winkel war der lange Hals gebrochen, und der Kopf hing schlaff herab, um den Schnabel klebte gefrorenes Blut. Sie schaute zum Adler hoch und schwenkte den Arm zum Zeichen, er solle herbeikommen. Abermals sank der Vogel vom Eichenast nieder und hielt direkt auf sie zu. Da ergriff sie die größte der gefangenen Forellen, warf sie so hoch wie möglich, und noch ehe der

Fisch nach unten zu fallen begann, schnappte ihn der Adler mit den Klauen und flog in gerader Linie davon über den Fluss zum fernen Ufer, verschwand im Wald nach Westen hin.

Bis zum Abend war die Wetterfront vorübergezogen und hinterließ nur einen Hauch Neuschnee. Auf halber Strecke zum Bären fertigte das Mädchen aus Kiefern- und Hemlocktannenästen einen Unterstand, rupfte die Gans und briet sie über einem Feuer, entzündet mit getrockneter Goldrute und die ganze Nacht am Brennen gehalten mit dem unterwegs gesammelten Totholz von Buche und Eiche.

Nach der Rückkehr zur Höhle am Tag darauf nahm sie die Forellen aus, legte sie auf das Räuchergestell und machte wiederum Feuer in der kalten Mulde auf dem Steinboden. Als der Raum sich erwärmt hatte, nahm sie die sechs Pfeile aus ihrem Köcher, entfernte die Befiederung aus Kiefernnadeln und kratzte das Harz vollständig vom Schaftende ab. Mit dem Messer schnitt sie Kerben hinein für die Gänsefedern, spaltete und befestigte sie. Dann untersuchte sie die Pfeilspitzen aus Rehknochen und ersetzte zwei durch jene aus Glas, damals am Strand mithilfe der Scherben hergestellt, die ihr Vater an dem unheimlichen Ort mit den Mauern aus schmutzigen Überresten ausgegraben hatte. Schließlich legte sie all ihre Pfeile nahe dem Feuer auf den Boden zum Trocknen.

Es war später Nachmittag, und sie hatte die ihr verfügbare Kraft aufgebraucht. Doch sie verspürte nichts von dem Hunger, der sie so lange gequält hatte. Es gab Gans und geräucherte Forelle zu essen, für mehr als eine Mondphase, und einhergehend mit ihrer wiedergewonnenen Stärke fühlte sie ein völlig anderes Bedürfnis nach Jagd in sich aufsteigen. Sie wusste, dass die von ihr gefertigten und im Köcher aufbewahrten Pfeile jetzt fliegen würden, falls sie das Wild gleich welcher Art, das da draußen umherstreifte und in Schussweite käme, aufspüren und verfolgen konnte. Sie blickte durchs Feuer, sah ihren Vater auf dem Boden sitzen und in Flammen und Rauch starren. Sie schloss die Augen; als sie sie wieder öffnete, war er verschwunden.

Ein rosa Dämmerlicht überflutete den Morgenschnee, als sie in Fellen und Häuten mit Pfeil und Bogen aus der Höhle auftauchte. Es zerstreute sich unmerklich, noch ehe die Sonne den Horizont durchbrochen hatte. Einmal erzählte ihr der Vater, alle Tiere seien von der Gewohnheit bestimmte Geschöpfe, und so sei es auch bei ihnen beiden. Der Unterschied bestehe darin, dass sie die Wahl habe, ihre Gewohnheiten zu ändern. Tiere änderten ihr Verhalten in Situationen, die ihnen Angst einjagen. Es geht um Veränderung, sagte er, bevor die Angst dich überkommen kann, oder nachdem du sie überwunden hast. Wie ein Sturm ist sie dann weitergezogen. Also kletterte sie an diesem Morgen weder aufwärts noch abwärts, sondern folgte dem Kamm und umkreiste ihn, als wollte sie ein Seil um die Mitte des Berges schlingen.

Als der Himmel aufhellte und die Sonne weiter emporstieg, fand sie sich in einem Wald wieder, der ihr noch völlig unbekannt war – die Bäume dickstämmiger, die Felsformationen blank und fast ohne jede Vegetation, bestäubt nur mit einer zarten, pulvrigen Schicht von frisch gefallenem Schnee. In den Schneeschuhen, an die sie sich mittlerweile gewöhnt hatte, ging sie schnell einen Pfad entlang, höher und höher bis zu einem Felsvorsprung, der sich auf einen Aussichtspunkt öffnete, von dem aus sie weit über die Wipfel der Bäume im tiefer gelegenen Wald blicken konnte.

Nun hatte die Sonne ihre Schleier abgestreift, und so kauerte sie sich an ihrem Platz auf dem Gesims nieder, um den Steilhang mit den Augen abzusuchen, streckte dann die Hand aus und befühlte die Oberfläche des Steins. Gefroren. Mit dem Messergriff schlug sie gegen das Eis, das mühelos wegbrach und darunter Wasser und Moos offenbarte. Sie legte sich auf den Bauch und sah eine Eiswand, vom Fels bis zum Grund abfallend – ein Wasserlauf, der, wie sie wusste, von den Frühlingsbecken auf dem Gipfel herrührte, in den Boden sickerte, hangabwärts rann und im Winter diese Eisschicht bildete. Mit der Klinge kratzte sie daran und schabte so viel Moos wie möglich ab, tat es in ihren Beutel, stand schließlich auf und kletterte leichtfüßig vom Kamm nach unten, als würde sie über den Schnee gehoben.

Aufrecht stehend, entdeckte sie in weiter Ferne eine Ansammlung dicht gereihter Laubbäume, auf der fruchtbaren Erde wachsend, die allmählich den Berghang hinabgeschwemmt worden war – über eine so lange Zeit, dass kein Wesen außer den Bäumen sich ihrer erinnern könnte. Dort gäbe es windgeschützten Unterschlupf, der Tiere anlocken würde, ebenso mancherlei Nahrung wie Eicheln, Bucheckern, Hickory- und Flügelnüsse.

Sie näherte sich dem Hain in großem Bogen, um nicht irgendein Tier aufzuschrecken, das bereits nach Futter suchen mochte, aber der Wald war still. Nahe einer Buchengruppe setzte sie sich hin und stellte ihren Bogen ab. An diesem Platz verharrte sie reglos den ganzen Tag, mit Moos als Speise, mit Schnee als Trank. Die Sonne verschwand hinter dem Berggipfel, und noch immer blieb sie im Hain, auch als die Nacht hereinbrach.

Im Dunkeln schlug sie die Augen auf und blickte durch das blattlose Astwerk nach oben. Am hohen östlichen Himmel folgte der Löwe dem Bären. Es war kurz vor Tagesanbruch. Sie griff in ihren Beutel, holte ein wenig Moos hervor und aß es mit Schnee, erhob sich dann langsam und lehnte die Stirn an die glatte silbrige Rinde der Buche.

Das Grau des Lichts verwandelte sich in das Silber der Bäume, und es schien, als könnte sie spüren, wie die Erde sich unter ihr drehte. Nun war sie vollkommen leer. Kein Hunger mehr, kein Schlafbedürfnis, keine Sehnsucht, kein Kältegefühl. Sie verstand die Botschaft, die ihr mit auf den Weg gegeben worden war. So nahm sie ihren Bogen, legte einen Pfeil ein und horchte auf den Hirsch, der – dessen war sie sich gewiss – den Berg hochkommen würde, um ihr zu begegnen.

Ein Wintertag folgte auf den anderen, Schnee und Kälte glichen einem nie endenden Strom, begierig darauf, den Wald mit einem alles verzehrenden Frost zu überfluten. Doch das konnte ihr den Mut nicht nehmen. Sie hatte ein neues Paar Rehhäute und Kaninchenfellschuhe gegerbt, genäht und an deren Unterseite die Biberschwänze als Sohlen befestigt. Die übrigen Felle nähte sie nach der Trocknung in ihr Rehlederhemd, welches sie beim ersten Betreten des Waldes getragen hatte, sodass sie selbst jetzt wie ein verwildertes, ja außerweltliches Tier aussah, das durch die Landschaft trottet, auf dem Rücken einen Köcher mit Pfeilen, über der Schulter einen Bogen aus Eichenholz.

Sie ging auf die Jagd, sobald ihre Vorräte aufgebraucht waren. Jedes Mal bewegte sie sich durchs Gehölz an einen Ort, wo sie vorher noch nicht gejagt hatte. Dort setzte sie sich auf den Boden und lauschte dem Wald, wartete dann und hielt Ausschau, welches Tier sich zeigen würde. Ihre Pfeile waren scharf, ihr Bogen kraftvoll und ihr Auge zielsicher. Zum Dank ließ sie dann zarte Zweige, Mooshaufen und Beeren des Wintergrüns zurück. Wenn es ein großes Reh war, legte sie einen gerechten Anteil des Fleischs in die schlotartige Spalte auf dem Berggipfel, damit andere Karnivoren sich davon ernähren konnten. Nie war am nächsten Morgen noch etwas übrig.

Als die Stürme aufzogen und sie sich in der Höhle um das Feuer zusammenkauerte, war ihr bewusst, dass alle anderen

Lebewesen irgendwo draußen wärmesuchend das Gleiche taten. Das waren die Stunden, da sie die Mondphasen zählte und sie mit Holzkohle auf der Höhlenwand vermerkte oder die am Himmel sichtbaren Sternbilder aufzeichnete und die verbleibenden Tage bis zum Äquinoktium berechnete, wenn Licht und Dunkel über dem Land gleich wären. Jede Nacht sprach sie vor dem Einschlafen im Feuerschein zu ihrem Vater; erzählte, was sie an diesem Tag unternommen hatte, was sie für den nächsten plante, und dass sie hoffe, zur Sonnenwende zu Hause zu sein, so wie sie es immer gewesen war.

Bald darauf spürte sie, wie der Winter seinen eisernen Griff lockerte, dem Lauf der Jahreszeiten gemäß. Die Tage wurden länger. Die Sonne beschrieb einen höheren Bogen am Himmel. Die Nächte gaben ihre Kälte preis. Bei einer morgendlichen Besteigung des Gipfels sah sie, dass das Flusseis aufgebrochen war. Selbst aus so großer Entfernung konnte sie seine zusammengeschobenen und an beiden Ufern aufgetürmten Trümmer erkennen, während das Wasser dazwischen hindurchfloss wie ein Strom metallisch glänzenden Schlamms.

Wir werden trotzdem die hohen Berge überqueren müssen, sagte sie mit lauter Stimme und kletterte einmal mehr zur Höhle hinunter.

Sie wartete bis zum frühen Morgen des nächsten Tages, um loszuziehen und denselben Waldpfad hinab zum Fluss einzuschlagen. Doch sie war kräftiger und kam rascher voran. Zwei Monate früher hatte die Wanderung drei Tage gedauert, jetzt nur noch einen. Sie war die Strecke gewöhnt, und obwohl der Schnee tief blieb, konnte sie mit jedem Schritt ihr Herz schneller pochen hören, wie damals in jüngeren Jahren, als sie wusste, dass der Winter allmählich dem Frühling wich. Im schwindenden Licht der Abenddämmerung erreichte sie das Flussufer.

Sie hatte ihren Bogen bei sich sowie die längste und dünnste Sehnenschnur, mit der sie die an einem Pfeil befestigte Angelleine verlängern konnte. Doch aufs Wasser zugehend beobachtete sie, wie Eisplatten in einem ständigen, den ganzen Fluss erfassenden Tumult in die Höhe gehoben und untereinander geschoben wurden. Selbst wenn sie nahe genug herankam, um auf einem Felsen zu stehen und einen Pfeil abzuschießen, würde er gegen Eis prallen und brechen, ehe er irgendeinen Fisch traf, der in der Strömung darunter schwimmen mochte. Also verzehrte sie das geräucherte Wildfleisch, das sie mitgebracht hatte, und übernachtete in einem provisorischen Unterschlupf am Waldrand. Tags darauf trat sie den Rückweg zur Höhle an.

Als sie nachts vor der Höhle die Sterne betrachtete, stand das Sternbild Krebs direkt über ihr, während die Zwillinge im Westen untergingen und der Löwe gerade sichtbar wurde. In den frühen Morgenstunden hatte sie erstmals wieder Vogelgesang vernommen, und wo der Schnee auf Felsvorsprüngen geschmolzen war, sprossen zwischen den verdrehten Stämmen der Zedernbäume kleine Grashalme hervor und blühten winzige Wildblumen. Nacht und Tag befanden sich im Gleichgewicht. In den Wald war der Frühling eingekehrt.

Sie ließ eine Mondphase vergehen und begab sich dann wieder zum Gipfel, um aus der Ferne den Fluss zu betrachten. Das Wasser war von gleichmäßigem Blau, seine Ränder changierten zwischen Weiß- und Grüntönen, dahinter lagen breite Streifen mit hohem Gras, das sich über die Ebene bis zum Wald ausdehnte. Als sie an diesem Abend einschlief, stand neben ihr all das gepackt und bereit, was sie für einen mehrtägigen Ausflug benötigen würde.

Der nächste Tag war warm, sie bewegte sich ohne Schneeschuhe fort und legte die Strecke entlang des Pfades größtenteils in schnellem Lauf zurück. Die Sonne stand noch hoch am Himmel, und das Licht fiel schräg, doch kraftvoll herab, als sie am Fluss angelangt war, um nun zum vierten Mal an seinen Ufern zu stehen. Sie ließ den Blick über die strömende Oberfläche gleiten, hielt Ausschau nach einem Becken oder Felsen, jenem flussabwärts gelegenen Bereich, in dem sich Fische tummelten und auf vorbeiziehendes Futter warten konnten. Sie watete hinein, spürte die Macht des Wassers, das an ihr zerrte, tat einen zusätzlichen Schritt, wodurch ihre Knie eintauchten. Die Strömung war so stark, dass sie sich flussaufwärts lehnen musste, um nicht umgeworfen zu werden. Es war genauso kalt wie das eisige Winterwasser, an das sie sich noch lebhaft erinnern konnte. Hätte sie sich auch nur ein wenig weiter vorgewagt, wäre sie erneut weggespült worden.

Flussaufwärts bemerkte sie eine Stelle, wo die Oberfläche sich glättete und verlangsamte rings um irgendetwas, das überflutet war. Gegen die Strömung kämpfte sie sich dorthin und entdeckte unter Wasser einen breiten runden Felsen. Während sie mit den Händen die Augen vor dem Licht der untergehenden Sonne abschirmte, sah sie durch das aufgewühlte Wasser die sacht bewegten Schwänze von Forellen, die wie gebannt im Sog verharrten. Lautlos legte sie den mit Rehknochen zugespitzten und an der Angelleine befestigten Pfeil auf die Bogensehne, zielte nach unten auf den Schwarm und schoss.

Sie spürte, wie der Fisch gegen die Leine schlug, dann unter Wasser direkt auf sie zustürzte. Sie zog ihn heraus und ging rasch hinüber zum Ufer. Es war eine prächtige Forelle, fast so groß wie der gestreifte Fisch, den sie im Meer gefangen hatte. Sie entfernte die Pfeilspitze und ließ den Fisch im Gras zappeln, watete wieder zu der gleichen Stelle, legte einen Pfeil ein und wartete.

Ungewiss war, ob die übrigen Forellen nicht die Flucht ergriffen hatten. Die erste wurde, vom Pfeil getroffen, fast blitzartig flussabwärts geschwemmt, und wenn die Futterbahn so nahrhaft war, wie sie dachte, würden andere Fische darin schwimmen. Allmählich schwand das Tageslicht. Gerade als die Sonnenstrahlen den westlichen Kamm der Gebirgskette berührten, richtete sie den Pfeil auf das Ziel und ließ ihn abschnellen ins Wasser, wo er abrupt stecken blieb, wie in einen Holzblock geschossen.

Der Fisch schwappte flussaufwärts, erlahmte, schlingerte dann zurück zu ihr. Diese Forelle war ein stattliches Exemplar, größer als die erste. Mit vor Kälte schmerzenden Knien und Beinen, bis auf die Haut durchnässt, schleppte sie sich aus dem Wasser und stolperte aufs Ufer. Doch sie sammelte ihren Fang ein und ging damit zum Waldrand, wo der bereits genutzte Unterschlupf noch erhalten war und ihr einige Kohlen blieben, um ein Feuer zu entzünden.

Am Morgen packte sie den zweiten Fisch in Schnee ein und begab sich zum Fluss hinunter, um vor der Rückkehr zur Höhle ihr Glück erneut zu versuchen. Obwohl ihre Handgriffe die gleichen waren, fing sie zunächst nichts. Der Fischschwarm hatte sich fortbewegt. Also wagte sie sich einen Schritt weiter ins Wasser vor und erkannte, dass nah dem Felsen ein ähnlicher am Grund ruhte. Die Strömung durch die Kluft zwischen beiden wäre zu reißend, nicht aber jene im Bereich hinter dem anderen. Es war ein Schuss aus größerer Entfernung, aber sie musste ihn ausprobieren. Sie musste es wissen. Sie lehnte sich nach hinten und ließ den Pfeil los.

Diesmal wurde der Fisch zur Mitte des Flusses geschleudert, wodurch sich die am Bogen befestigte Leine bis zum Äußersten spannte. Sie watete noch ein Stück hinaus, das Wasser nun in Brusthöhe, spürte, wie sich der Fisch ruckartig dem Pfeil entwinden wollte, während ihr die Strömung so heftig zusetzte, dass sie kaum mehr das Gleichgewicht halten konnte. In dem Moment, als sie ausrutschte und flussabwärts gespült wurde, gab der Fisch auf. Sie stieß die Spitze des Bogens in die Tiefe, um sich daran Richtung Ufer zu hieven, und schwamm. Sie schwamm unter Aufbietung all ihrer Kräfte – bis sie unter den Füßen endlich Fels und Gras spürte, und sich dann mitsamt dem Fisch an Land zog.

Nachdem sie mit fünf erbeuteten Fischen vom Fluss aufgebrochen war, erreichte sie am Abend des gleichen Tages die Höhle, briet einen davon zum Abendessen und legte sich schlafen. Am nächsten Morgen kochte sie einen Erdbeerblättertee und sagte zu dem Bär, ohne ihre Position zu wechseln und einen Blick in den hinteren Teil der Höhle zu werfen: Guter Fischfang da unten. Aber das wusstest du ja schon.

Kurze Zeit später hörte sie so etwas wie ein Gähnen, und aus der Ecke drang ein Brummen, worauf sie sich umdrehte und sah, wie der Bär sich aufsetzte und den Kopf schüttelte, als wäre ihm völlig schleierhaft, wo er sich befand. Schließlich kam er schwankend auf die Füße und bewegte sich in Richtung des Lichts.

Sie erhob sich und wich ihm aus, als er schwerfällig durch die Höhle trottete und draußen vor der Felswand innehielt, über die geschmolzener Schnee sickerte. Im Stehen schleckte er das Wasser ab, ging dann zum Waldboden und fing an, die jungen Triebe zu verschlingen, die durch die brüchige Schneedecke gesprossen waren. Kaum hatte er, was zu finden war, abgegrast, ohne sich allzu weit zu entfernen, schlenderte er zurück in die Höhle und legte sich aufs Neue hin.

Im Laufe der beiden nächsten Tage tat er drei weitere Male das Gleiche, verweilte jeweils länger draußen, um zu fressen und zu trinken. Am Morgen des dritten Tages erkannte er das Mädchen wieder und nahm am Feuer neben ihm Platz.

Iss das, sagte sie und reichte ihm einen Fisch.

Sie beobachtete den Bär, während er den Fisch bis auf die Gräten verspeiste, sich ihr dann zuwandte und fragte: Hast du noch einen?

Sie ging hinaus zu der Stelle, wo sie die gefangenen und vom Fluss mitgebrachten Fische im Schnee vergraben hatte, legte einen frei und gab ihn dem Bären. Er verzehrte ihn mit derselben heißhungrigen Aufmerksamkeit wie den ersten, warf das Skelett auf den Boden und leckte sich die Tatzen. Beide saßen schweigsam um das Feuer.

Langer Winter, nicht wahr?, fragte der Bär schließlich mit leiser Stimme.

Kalt und dunkel, erwiderte sie. Du weißt schon. Winter eben.

Ich weiß nicht. Aber je kälter der Winter, desto schwerer fällt es mir, aus meinem Ruhezustand wieder herauszukommen. Doch ich hatte einen Traum, und du kamst darin vor.

Erzähl ihn mir.

Wir saßen um ein Feuer wie diesem hier und sprachen über den Schlaf. Es machte mich traurig, dass ich dich nach dem Aufwachen in einem langen Schlaf vorfinden würde und dann begraben müsste.

Ich bin da.

Ich bin auch da, bekräftigte der Bär. Und wenn du draußen eisgekühlten Fisch aufbewahrst, wäre ich eine noch viel bessere Gesellschaft, könnte ich einen weiteren haben.

Sie stand auf.

Ich habe mehr als einen, sagte sie. Der Fluss wimmelt von Fischen. Sobald du wieder zu Kräften gekommen bist, führe ich dich dorthin.

Vier Tage später stiegen sie die Bergflanke hinunter, entlang jenes Weges, dem beide zuletzt im Herbst aufwärts gefolgt waren, wobei sie dem Bär von ihren Abenteuern berichtete, die sich während seines langen Schlafs zugetragen hatten. Sie erzählte ihm von dem Puma und auf welche Weise er sie gerettet hatte, als sie das dünne Eis zu überqueren versuchte und fast ertrunken wäre; von dem Wild, das er ihr brachte, damit sie etwas zu essen hatte; davon, wie sie Schneeschuhe und einen Bogen anfertigte, aber trotzdem kein Wild aufspüren konnte, um es zu jagen und mit den selbst hergestellten Pfeilen zu erlegen, weshalb sie zu verhungern glaubte. Dann habe sie von einem Bär geträumt, der ihr einen Fisch anbot, und sei nach dem Aufwachen zum Fluss aufgebrochen, um durch das Eis hindurch zu angeln. In dieser Zeit habe ihr ein Adler eine Gans überlassen, deren Federn sie benutzte, um die Pfeile flugfähiger zu machen. Danach ging sie erneut auf die Jagd, sprach zuerst jedoch zu dem Wald und den Tieren, um ihre tiefe Dankbarkeit dafür auszudrücken, was ihr von ihnen gewährt würde, wohl wissend, dass sie ohne diese Gaben den Winter nicht überleben könne, zu welcher Tat auch immer sie dann gezwungen sei.

Sie marschierten bis zu dem Wald, der an die Flussebene grenzte – wobei der Bär seine Begleiterin bitten musste, den Schritt zu verlangsamen, damit er sie einholen konnte, denn sie bewegte sich weniger gehend als springend fort, während ihm der Winterschlaf noch ein wenig in den Knochen steckte –, und machten zum Abend halt in einem Kiefernhain. Dieser war jetzt übersät mit Sprossen und Blattknospen, sodass sie reichlich zu essen hatten. Der Bär entdeckte sogar einen verfaulenden Baumstamm voller Ameisen und Raupen, die sich im aufgetauten und breiigen Splintholz tummelten. Auch daran erfreuten sich beide bei ihrer Mahlzeit.

Als sich die Nacht herabsenkte und die Sterne am Himmel zum Vorschein kamen, rollte sich der Bär am Stamm einer alten Weymouthskiefer zusammen, während sie neben ihm Nadeln aufhäufte, um ihre Schlafstatt herzurichten. Darauf lag sie lange Zeit still, sog den süßlichen Duft des Erdbodens ein, vermischt mit dem Fellgeruch des Bären. An diesem Ort fühlte sie sich zu Hause, versunken in den Anblick der Sternbilder Jungfrau und Schütze, die über den Himmel zogen. Fast die ganze Nacht blieb sie wach, lauschte den Gesängen der Spottdrosseln und dem Heulen einer Eule, bis sie in den frühen Dämmerstunden einschlummerte, von keinem Traum verfolgt.

Am Tag darauf schien die Sonne noch am Himmel, als der Bär sie wachrüttelte und sagte: Es ist Zeit zum Fischen.

Sie waren nicht weit vom Fluss entfernt. Als sie aus den Bäumen und Büschen hervortraten, konnten sie nach Westen hin den Wald und die Hügel sehen und im Näherkommen immer deutlicher das Geräusch des tosenden Wassers hören.

Der Bär wirkte mit jedem Tag im Wachzustand kräftiger, und kaum hatten sie das Ufer erreicht, tauchte er sogleich in die reißende Strömung ein, ging aber so schnell unter und war lange nicht mehr zu sehen, dass sie dachte, er sei weggeschwemmt worden. Sie streifte Bogen und Köcher von der Schulter und wollte gerade nach ihm tauchen, als er mehrere Meter flussabwärts wieder an die Oberfläche kam. Er hatte eine große, hin und her schlagende Forelle zwischen den Kiefern und musste doch einige Mühe aufwenden, um festen Boden unter die Füße zu bekommen und an Land zu klettern.

Er ging auf sie zu, blieb dann klatschnass vor ihr stehen, die zappelnde Forelle noch immer im Maul. Er ließ sie ins Gras fallen und sagte: Du hattest recht.

Sie betrachtete ihn und erwiderte: Du bist derjenige, der erklärte, dass jedes Lebewesen spricht. Meinst du, all diese Fische wissen, dass sich hier ein hungriger Bär herumtreibt? Was machen wir jetzt?

Der Bär schwieg, setzte sich einfach nur auf den Boden und verschlang seine Forelle. Als er fertig war, begab er sich wieder auf alle viere und fragte sie: Hättest du gern eine?

Ich kann mir selber eine fangen.

Sie ergriff ihren Bogen, nahm einen an der Angelleine befestigten Pfeil aus dem Köcher und schritt vorsichtig in die Strömung. Ihr fiel auf, dass das Wasser seit den Tagen, da der Fluss eine einzige dicke Eisschicht bildete, zwar stark gesunken, aber immer noch schnell und gefährlich war. Der Felsen, von dem aus sie zuvor gefischt hatte, lag in der Bahn, wo der Bär auf Jagd gegangen war, also watete sie flussaufwärts und suchte die Strömung nach einem ähnlichen Muster oberhalb von Felsbrocken ab. Kaum weniger als zwanzig Schritte weiter entdeckte sie eines und näherte sich ihm langsam, als pirschte sie sich über Land an Wild heran.

Der Bär beobachtete sie aus einiger Entfernung vom Ufer aus. Noch nie hatte er gesehen, wie Fische mit Pfeil und Bogen gejagt werden. Doch da war sie, die Jägerin, hockte auf einem dicht unter der Oberfläche ruhenden Felsen und spähte ins Wasser, das in zwei halbmondförmigen Strängen rechts und links an ihr vorbeirauschte. Sie war so reglos und still wie ein Eisvogel, den der Bär auf seinen Wanderungen oft in Bächen und Sümpfen betrachtet hatte – bis sie den Bogen hob, sich leicht zurücklehnte und den Pfeil losließ. Die Leine flog vom Bogen weg und wurde abrupt gestoppt. Das Mädchen zog daran und holte sie Hand über Hand ein. Am anderen Ende baumelte ein Fisch.

Anschließend hielt es seine eigene Forelle am Maul hoch, um sie dem Bär zu zeigen. Mit einem anerkennenden Nicken warf er den Kopf zurück und watete dann flussabwärts, um allein weiterzufischen.

Das Mädchen und der Bär kehrten nie mehr zu der Berghöhle zurück. In diesem Frühjahr verbrachten sie mehrere Mondphasen am Flussufer, gingen fischen und suchten nach Straußenfarn oder Ackerlauch – was immer ihnen die Fülle des Erdbodens darbot. Gemeinsam streiften sie durch den Wald, wenn das Mädchen Baumholz brauchte, um daraus einen neuen Pfeil zu fertigen, oder wenn der Bär das Bedürfnis nach Klettern verspürte. Auf diesen Wanderungen teilte ihm das Mädchen oftmals Dinge mit, die es von seinem Vater erfahren hatte – über die Erde, die Sonne, den Mond und die Meere. Als sie dann abends um ihr Feuer saßen, überlegten beide, wie es wohl wäre, auf einem anderen Teil der Erde zu leben oder ein ganzes Meer zu überqueren.

Als der Schnee überall geschmolzen war, außer in den hohen Bergen, brachen die beiden zusammen Richtung Norden auf. Das Mädchen zu der Stelle, wo es den Fluss überqueren würde, um die Asche seines Vaters nach Hause zu bringen. Der Bär wiederum war unterwegs, um es zu begleiten und seinen Geschichten zu lauschen, die es teils vom Vater gehört hatte, teils sich ausdachte, wenn sein Gedächtnis ausgeschöpft war und der Bär um weitere bat.

Eines Abends an einem kleinen Bergsee, in dem noch immer Eisschollen wie losgemachte Inseln trieben, fragte das Mädchen ihn im Schein des Feuers, wie lange er bereits durch die Wälder gewandert sei und bis wann er dies noch zu tun hoffe.

Schon eine ganze Weile, antwortete er. Mehr Sommer, als ich Zehen an den Füßen habe. So viele Jahre und zehn dazu sind uns gegeben, bevor wir nicht mehr aus dem Winterschlaf erwachen.

Du weißt nicht, wie viele Jahre dir gegeben sind, stimmt's?, fragte der Bär.

Nein, erwiderte das Mädchen.

Er warf ihm einen Blick durch das Feuer zu und sagte, als wäre die Frage damit geklärt: Die Bäume werden es wissen.

Auf ihrer Reise gingen und kletterten sie häufig im Regen, legten sich, durchnässt und ohne Lagerfeuer, abends unter einem Felsvorsprung oder dicken Kiefernästen zum Schlafen nieder, nur um in der Morgendämmerung wieder aufzustehen und ihren Weg fortzusetzen. Das Mädchen kümmerte das alles nicht, den Bären ebenso wenig. Sie hatten Nahrung bei sich, und allein darauf schien es anzukommen.

Als die beiden schließlich jene Felsen erreichten, wo das Mädchen zusammen mit seinem Vater den Fluss überquert hatte, blieben sie im Hain, der dem rauschenden Wasser am nächsten lag. Dort kampierten sie für mehrere warme, trockene Tage, fischten nach kleinen Bachforellen, die sich tief in den Becken versteckt hielten, und räucherten sie, damit das Mädchen auf der letzten Etappe seines Heimwegs mit Proviant versorgt wäre. Und in einer Nacht, als der Vollmond am östlichen Himmel aufging, erzählte es dem Bär, anhand der Markierungen auf der Höhlenwand errechnet zu haben, dass die Sonnenwende auf den letzten Frühlingsvollmond fiele. Dieser werde erscheinen, nachdem der jetzige dem Neumond gewichen sei, um einen weiteren Zyklus zu beginnen.

Der Bär nickte und schwieg, worauf das Mädchen ihn fragte, ob er mitkomme zu dem Berg, der allein steht.

Es ist dein Zuhause, entgegnete er, und das Mädchen begriff, dass die Antwort gleichbedeutend war mit Nein.

Was wirst du tun?

Ich bin ein Bär. Ich werde auf Wanderschaft gehen.

An diesem Abend entzündeten sie ein Feuer, dessen Flammen höher aufloderten denn je, und setzten sich in den Kreis hellen Lichts. Nun erzählte der Bär Geschichten, die nicht nur seine Mutter, sondern auch andere Bären, denen er über den Weg gelaufen war, ihm mitgeteilt hatten. Geschichten über jene Zeit, als solche wie das Mädchen jeden Winkel der Erde bewohnten. Dann Geschichten darüber, als es vor noch viel, viel weiter zurückliegender Zeit bloß wenige von ihnen gab. Schließlich Geschichten vom Anbeginn, als überhaupt niemand existierte und die Wälder, die Meere, ja die gesamte Erde neu und unberührt waren.

Am Morgen war der Bär verschwunden. Zum Frühstück briet sie den letzten Fisch und wärmte eine Tasse Tee auf, über einem mit den Zweigen entfachten Feuer, die sie zur Herstellung ihres Räuchergestells benutzt hatte. Nach beendeter Mahlzeit harrte sie vor den Flammen aus, ließ die Stöcke verbrennen, roch den aufsteigenden Rauch, vermischt mit dem frischen Tannenduft in der Atmosphäre. Sie fragte sich, welche Richtung sie wohl einschlagen würde, wäre sie eine Bärin. Und sobald vom Feuer nur mehr Glutstücke übrig waren, legte sie zwei davon in ihre mit grünen Blättern gefüllte Zinntasse, bedeckte Holzkohlenreste und Asche in der Mulde mit Erde und häufte ringsum Kiefernnadeln an, sodass es aussah, als hätte keine Person, kein Ding je mehr getan, als durch diesen Hain zu ziehen. Dann hob sie Bogen, Köcher und Rucksack vom Boden auf und ging zum Ufer des Flusses.

Während sie nach Süden wanderte, wurde die Luft wärmer, und jede Brise trug Anzeichen des Sommers herbei. Junge Vögel auf ihrem ersten Flug. Rehkitze, von der Ricke beobachtet, im Gebüsch. Wilde Erdbeeren, klein und süß, auf Bergwiesen reifend. Täglich maß sie die Länge des eigenen Schattens und stellte fest, dass sie ihren Kalender richtig geführt hatte. In der Landschaft erinnerte sie sich der Orientierungspunkte, an denen sie mit ihrem Vater vorbeigekommen war, und entdeckte am Abendhimmel den neuen zunehmenden Mond.

So setzte sie ihren Weg fort, stieg Passhöhen hinauf und hinunter, durchquerte Täler, schlief im Schutz der Haine, wenn das Dunkel undurchdringlich wurde, und erhob sich vor Sonnenaufgang, um das Tageslicht voll zu nutzen. Vor etlicher Zeit schon hatte sie den letzten der geräucherten Fische aufgegessen und ernährte sich nun von den Pflanzen des Waldes, wie sie es zusammen mit ihrem Vater getan hatte, um kein Wild zu erlegen, das seine Jungen bei sich hatte. Auch entzündete sie keinerlei Feuer.

Weiterhin südwärts ziehend, blickte sie eines frühen Morgens bei klarem Himmel, an dem gerade der zunehmende Mond im Westen versank und eine orangefarbene Sonne im Osten aufging, von einer Anhöhe und erkannte in der Weite den unverwechselbar bärenkopfförmigen Gipfel des Berges wieder, der allein steht, einen ganzen Tagesmarsch entfernt. Rasch kehrte sie unter das Baumkronendach ihres Nachtlagers zurück, schulterte den Rucksack und lenkte die Schritte hinab ins Tal, in Richtung ihres Zuhauses.

Von den Spuren des Winters abgesehen, wirkte das Haus genau so wie zu der Zeit, als sie beide es verlassen hatten. Geknickte Kiefernzweige und übereinander geschichtete Nadeln lagen über das Dach verstreut, bedeckten Vorbau und Eingang wie eine Matte. Am Waldrand war eine Birke, übersät mit Spechtlöchern, direkt über dem Boden abgebrochen und auf den Geräteschuppen gefallen. Und während sie sich näherte, um die Steinstufen zur Vordertür hochzusteigen, ergriff ein junger Waschbär verschreckt die Flucht.

Obwohl es draußen wärmer wurde, war es im Haus kalt. Auf dem ein Jahr zuvor gereinigten Herd häuften sich Blätter, mit Guano befleckt, und auch der Tisch war beschmutzt mit dem Kot von Mäusen und Streifenhörnchen. Als sie aus dem kleinen Regal einen Gedichtband zog, löste sich in ihren Händen die Buchdecke ab, und sie stellte ihn zurück. Sie schaute sich um, betrat das Zimmer, in dem ihr Vater geschlafen hatte, und fand es im gleichen Zustand vor, mit Ausnahme der Stille und der Spinnweben. Der Bogen, mit dem er jagen gewesen war, ruhte auf dem Bett, wo er ihn zurückgelassen hatte. Die Hängematte, die er unten am Seeufer zwischen zwei Bäumen aufzuspannen pflegte, hing schlaff von einem Haken an der Wand. Sie nahm sie, durchquerte wieder die Küche und ging aus dem Haus.

Am Tag darauf erwachte sie vor der Morgendämmerung und verzichtete aufs Frühstück. Aus dem eingestürzten

Schuppen holte sie Spitzhacke und Eisenstange und machte sich mit dem Rucksack auf dem Rücken und dem Kompass in der Hand auf den Weg zum Gipfel des Berges, noch ehe die Sonne aufgegangen war.

Wo der Pfad aus dem Gehölz hinausführte, wandte sie sich um und sah das Schindeldach des kleinen Hauses, wartete auf das Geräusch von Schritten, die sich auf dem Gestein näherten, hörte aber nichts und niemanden. Sie blickte zum Gipfel hoch und machte sich auf den Weg dorthin.

Am Grab ihrer Mutter legte sie die Hand auf den flachen Gedenkstein, wie sie es immer getan hatte, diesmal aber so, dass er sie im Gleichgewicht und aufrecht halten würde, während sie im unablässig wehenden Wind schwankte und hinausblickte auf das Land, von wo sie gekommen war. Sie trank einen Schluck Wasser aus der Kürbisflasche, streifte den Rucksack vom Rücken und stellte ihn auf den Boden. Dann band sie die Spitzhacke los, hielt sie in beiden Händen, entfernte sich ein paar Schritte vom Grab und fing an, sie in die Höhe zu schwingen und voller Wucht in Stein und Erde zu schlagen.

Die Sonne neigte sich gen Westen, als sie das Hacken beendet und in diese Erde ein Loch gegraben hatte. Sie kniete nieder, öffnete ihren Rucksack und nahm das Hirschleder heraus, löste die Schleife und heftete den Blick noch einmal auf die Knochen und die Asche ihres Vaters. Anschließend rollte sie das Leder wieder zusammen, legte es ins Grab und schob mit den Händen die ausgehobene Erde hinein, bis all das, was sie von dem Mann aufbewahrt hatte, bedeckt und verschwunden war.

Nun kommen die Tage, da ich dich vermissen werde.

Sie erhob sich, trat zurück und betrachtete die Aufschüttung, die am Boden einen kleinen Hügel bildete. Unversehens überkam sie nun das Gefühl, das der Vater in seiner Erzählung bei der Bestattung ihrer Mutter empfunden hatte. Obwohl ihn in dieser Erde nur Regen und Schnee berühren konnten, wollte sie, dass nichts seine Ruhe stören würde. Also ging sie los, um Steine der gleichen Größe zu sammeln, und errichtete im Lauf der Stunden, die den längsten Tag des Jahres kennzeichneten, vier Mauern um das Grab, etwa zwei Meter breit und zwei Meter hoch, ohne irgendeine Art von Bindestein. Anschließend bestückte sie das Innere nach und nach mit großen Steinen und Felsbrocken, die sie finden und tragen konnte, bis es ganz ausgefüllt war, in der Mitte aber einen Hohlraum freiließ. Dort hinein legte sie den Kompass und verschloss die Öffnung mit einer Gneisplatte, deren Riefen sie an die Wellen des Meeres erinnerten.

Es geschah lange bevor die Dunkelheit sich herabsenkte und Sterne über den Himmel zu ziehen begannen. Obwohl ihr oben auf dem Berg ein nächtlicher Wind gegen Gesicht und Glieder schlug, verbreitete er eine Wärme, die ihr nicht mehr gegenwärtig gewesen war, seit sie zuletzt am längsten Tag des Jahres hier gestanden und dann ihre Kleidung und ihren Schweiß hatte trocknen lassen. Hungrig war sie und erschöpft, wollte sich jedoch von beiden nicht trennen. Über den Gipfel blies der Wind von Nord nach Süd, als sie sich im Schutz ihrer Gräber zusammenkauerte und hinlegte auf diesen Stein, in diese Stille – allein, kein Mädchen mehr, für immer aber ihr Kind.

In ihren letzten Lebensjahren sprach die alte Frau zu allen Lebewesen auf jenem Stück Erde zwischen Berg und Seeufer, denn sie kamen zu ihr ohne Angst, missachtet und beherrscht zu werden, aßen gemeinsam mit ihr die Pflanzen, Samen und Früchte, die sie anbaute und erntete. Sie sah den Bär nie wieder, noch hörte sie je auf sich zu fragen, wie es ihm wohl ergangen und wo er gewesen sei. Auch dann nicht, als sie wusste, dass die Spanne seines Lebens lange zuvor schon ein Ende genommen hatte.

Viele Jahreszeiten waren vorübergezogen, seitdem sie das letzte Mal den Berg erstiegen hatte, auf dem die Gräber ihrer Eltern die Zeit überdauerten. Während des Winters lebte sie in einer Höhle auf der Insel und fischte durch das Eis hindurch. Und von den ersten Frühlingstagen bis zum Herbstanfang kehrte sie ans Seeufer zurück und schlief auf dem Erdboden oder in einer Hängematte, die sie aus Weinranken flocht und zwischen den Stämmen derselben hoch emporragenden Kiefern aufspannte.

Sie betrat nicht mehr das Innere des Hauses. Die zerschlissenen Bücher, die in Leder gebundenen Papierblöcke, auf die sie einst geschrieben, die Holzmöbel, die ihr Vater angefertigt hatte, nährten allesamt Feuer, die ihr in kalten Vorfrühlings- und Spätherbstnächten Wärme spendeten. Das Fensterglas war in tausend Scherben zersplittert, die über den Fußboden verstreut lagen. Dach und Wände krümmten und verbogen sich und wurden brüchig. Als sie in einem Frühling von der Insel wiederkam und feststellte, dass auch diese eingestürzt waren, verbrannte sie die Schindeln und Balken ebenfalls Stück für Stück in ihrem Feuer.

Jeden Morgen stand sie auf, als würde sie sich von der Erde erheben, legte sich dann wieder hin, um einzuschlummern, wenn die Sonne versunken war und einzig die Lichter der Sterne am Himmel funkelten. Den Winter über hatte sie Zeit, inmitten der Birken und Kiefern auf der Insel zu sitzen und deren Flüstern zu lauschen. Im Sommer ging sie zum See, um ihren alten nackten Körper in den kühlen Tiefen des Wassers zu waschen, begleitet von dem Gesang der Katzendrossel und dem Schrei des Seetauchers – nicht anders, als es meistens während ihres Lebens gewesen war. Und wenn sie aus dem Wasser stieg und sich ins Gras setzte neben jenen Findling, auf dem ihr Vater vor langer, langer Zeit den Mittagsweiser angebracht hatte, so geschah es, um still dazusitzen und der bedächtig murmelnden Stimme der Bäume Gehör zu schenken.

In der Herbstnacht eines Erntemondes, als die sanften Brisen, zu denen sie im Sommer einschlief, nun unaufhörlich wie ein großer starker Wind wehten, tat sie ihren letzten Atemzug. Morgens ruhte sie auf dem taubedeckten Boden, und dort blieb sie unberührt den ganzen Herbst und Winter hindurch, unter einer Decke aus Laub und Schnee, und lag auch noch im Frühling an derselben Stelle, als der Schnee zu schmelzen begann und Grashalme, Wildblumen und junge Ahorntriebe um und durch ihren weichen und eingesunkenen Körper wuchsen.

Da kam am ersten Tag des Sommers ein Bär zum Seeufer, der die Botschaft erhalten hatte, zu einem Berg zu wandern, der allein steht. Bei seiner Ankunft sah er mit eigenen Augen, wovon ihm erzählt worden war in den Geschichten, welche die Mutterbärin ihm von dem Moment an überlieferte, als sie die Nachgeburt von seinen Lidern leckte. Und er begriff, was zu tun er ihr versprochen hatte.

Er sammelte abgebrochene Fichtenzweige und gestaltete daraus eine Art Decke, in die er die Knochen und ledrigen Überreste der Frau einschlug, und trug sie zum Gipfel des Berges. Oben hob er Felsen hoch, grub mit seinen Tatzen ein Loch und legte die Decke in diese Erde zwischen einem flachen Steintisch und einem Block aus vier Mauern. Als er fertig war, verbargen Klumpen und Geröll jedoch kaum das Zweiggeflecht, in dem der Leichnam lag, und bildeten nur eine dürftige Grababdeckung. In dem Moment erblickte der Bär nahe dem Gipfel jenen Felsvorsprung, der entfernt dem rissigen und verwitterten Kopf von seinesgleichen ähnelte, denen er auf allerlei Streifzügen begegnet war. Er trottete dorthin, umrundete ihn, stellte sich dann auf die Hinterbeine und drückte mit aller Kraft dagegen. Der Stein gab nach, löste sich von der Schulter des Berges und rollte in Richtung der drei Gräber. Schließlich wälzte ihn der Bär das letzte Stück bis zu seinem Ruheplatz über der Frau, die zu beerdigen er herbeigekommen war.

Es war schon mitten in der Nacht, als er unter einem abnehmenden Mond aus dem Wald auftauchte und die Lichtung betrat. Er watete in den See, trank sein klares Wasser, stieg dann ans Ufer, setzte sich ins hohe Gras und schaute hinauf zu den Sternen. Er fühlte, wie seine Aufgabe ihn erschöpft hatte, als sei er an einen Ort gelangt, wo Ende und Anfang ineinander übergingen, und als habe sich während der Zeit, die er auf dem Berg verbrachte, alles verändert. Er spitzte die Ohren, um zu lauschen, und vernahm nichts. Keine Schritte von Tieren. Kein Geflüster der Bäume. Kein Summen von Insekten. Kein Geräusch plätschernder Wellen. Eine Stille herrschte, die ihm so kalt und sonderbar erschien wie der Winter. Er fragte sich, wie lange er bereits dagesessen hatte, ob gar die Erde auf ihrer Bahn für einen einzigen Augenblick zum Stillstand gekommen war, als plötzlich die Blätter des Waldes zu rascheln begannen und der geisterhafte Klagelaut eines einsamen Seetauchers über die Wasseroberfläche schwebte. Er erhob und streckte sich, vollzog eine Drehung, sodass die Große Bärin nun über seiner rechten Schulter prangte. Bald brach er auf, bewegte sich westwärts am Ufer entlang, während der Himmel hinter ihm allmählich verblasste – wie die Welt selbst, gerade dabei, neu geboren zu werden.

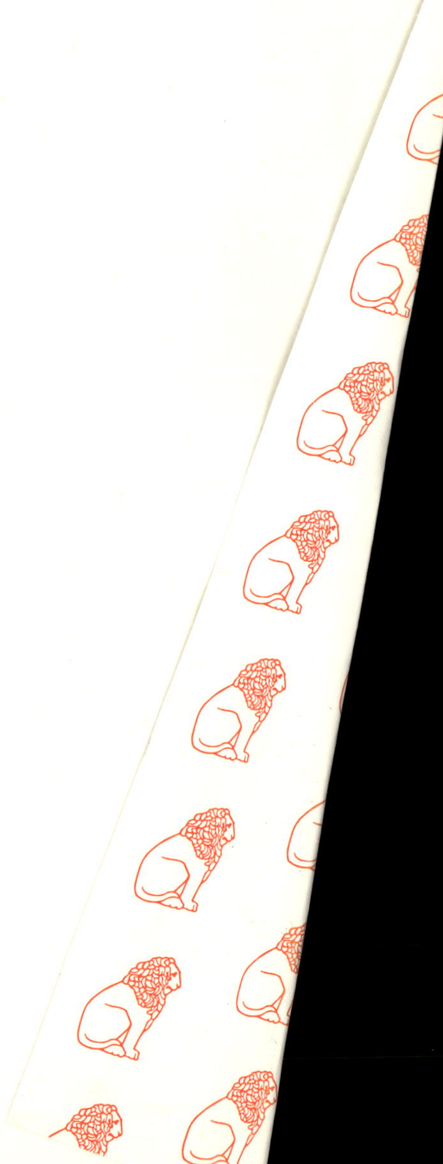